DAS GEHEIMNIS SCHÖNER HÄUSER

WOHNINSPIRATIONEN VON BUSSESEEWALD

Gäste empfangen

Lifestyle
BUSSE
SEEWALD

[Inhalt]

Gäste empfangen

Empfangs-
räume für Gäste

[Küchen]

Die Zeiten, in denen Küchen weitab von Lebens- und Empfangsräumen verborgen lagen, sind vorbei. Wenn es der Platz erlaubt, werden Küchen und Esszimmern immer öfter in einem einzigen Raum untergebracht. Der Koch bereitet leckere kleine Gerichte vor den Augen seiner Gäste zu, die rund um die Küchentheke Platz nehmen. Der Esstisch ist als Blickfang in der Mitte des Raumes gedeckt. Als diskretere Variante findet er einen ausgesuchten Platz in einer Kaminecke oder vor einem großen Glasfenster. Praktisch und einladend wirkt es, wenn die Kücheninsel direkt in einen Esstisch übergeht. Ob aus Holz, Verbundmaterial oder aus Metall – Esstische gibt es in vielen Ausführungen, sodass sie perfekt mit der Ästhetik der Küche harmonieren.

1] Das Esszimmer ist durch dünne Trennwände von den anderen Räumen abgetrennt. Der rechteckige Tisch (Modell „LC6" von Le Corbusier) bietet genügend Platz für mehrere Gäste. Die beiden Deckenlampen über dem Tisch sorgen bei Einbruch der Dunkelheit für ein angenehmes Ambiente (Lithographie von Gustave Bolin, Architekt Emmanuel Coste).

1

2] Die Küche rahmt den quadratischen Esstisch in der Mitte des Raumes ein. Dieser diente früher zum Sortieren von Post und stammt vom Flohmarkt von Clignancourt. Zusammen mit den großen Glasfenstern mit Eisenrahmen verleiht er der Küche Industrial-Flair. Das Miteinander von edlen Materialien (Metall, Holz, Stein, Glas), der schöne Leuchter vom Flohmarkt sowie die zahlreichen Pflanzen schaffen eine warme Atmosphäre.

1] Der große Tisch aus dunklem Holz sorgt für Wärme in dem modernen und minimalistischen Ambiente dieser Küche aus weißen Hochglanzmöbeln. Die abgerundeten Ecken des Tischs bilden zusammen mit der gewölbten Form der Designerstühle einen einladenden Essbereich. Über dem Tisch hängt ein Leuchter mit Kristallbehang in einer Stoffröhre und bricht mit dem sehr modernen Stil der Dekoration.

2] Mitten in der modernen Küche bietet eine große Kochinsel ausreichend Platz für die Zubereitung der Mahlzeiten und geht in einen großen Tisch über. Die Tischplatte aus Verbundmaterial setzt sich von der Küchenarbeitsplatte durch einen Höhenunterschied ab. Am Ende des Raumes öffnen sich weiße Schiebetüren zu einem Esszimmer hin. Es ist mit Holzmöbeln eingerichtet, mit Fotos dekoriert und bildet einen einladenden und eleganten Raum. Sind die Türen geschlossen, ist dieser von der Küche abgetrennt.

1

2

1

1] Im Herzen eines Chalets in Savoye wird das warme Ambiente von hellem Holz durch einen großen, schwarzen Tisch in holländischem Stil verstärkt, der elegant die Holmen und Pfosten der Glaswand aus geschwärztem Stahl aufgreift. Der Tisch steht gegenüber der großen Glasfront, die einen uneinnehmbaren Blick auf den Mont-Blanc bietet, und ist mit weißem Geschirr und Gläsern von schlichter Eleganz gedeckt.

2] Die alten Pferdeställe haben dieser großen Küche mit Esszimmer Platz gemacht. Sie befindet sich unter dem Zwischenstock und hat eine große Arbeitsplatte mit Barbereich. In der Mitte des Wohnraums profitiert der Tisch vom Licht und der Deckenhöhe. Rund um den Holztisch laden Bänke und Stühle zahlreiche Gäste zum Verweilen ein.

2

1] Die Küche dieses alten, renovierten Hauses wurde in drei Bereiche geteilt: eine Bar, eine Kochinsel und eine Essecke. Der große rechteckige Tisch in der Mitte ist mit einer eleganten Jacquard-Decke in Grau- und Taupetönen mit hellgelber Bordüre gedeckt. Silberbesteck, Gläser und Teller mit Silberrand sorgen für den letzten Schliff.

1
Recette :
Pâte à crêpes
emps de préparation 1h45
Pour 12 personnes
Ingrédients
• 3 oeufs
• 250 g de lait écrémé
• 30 g de beurre allégé
• 125 g de farine T55
• 0,5 g de sel
• 5 g d'huile arachide
• 50 g de rhum
Tamiser la farine dans un
rand saladier pour éviter
l'obtenir des grumeaux.
Faire fondre le beurre.
Mélanger délicatement dans
e saladier les oeufs, le lait, le
eurre, la farine, le sel, le rhum.
Battre au mixeur ou au fouet
pendant une minute.
La pâte doit être lisse. Laisser
eposer 30 minutes à 1 heure
Cuire à feu moyen, penda
uelques secondes à la poêle
CUISINE

1

1] Die Küche ist das Herzstück dieses großen Hauses und verleiht dem Landhausstil einen Hauch Eleganz. Die Kochinsel ist ein ehemaliger Tuchmachertisch, der mit einer Schieferplatte versehen wurde. Sie bildet eine Abtrennung zum Esszimmerbereich. Ein mehrere Meter langer Holztisch, eine Maßanfertigung, hat einen ausgesuchten Platz unter einem imposanten schmiedeeisernen Leuchter gefunden. Das Silberbesteck und die geschliffenen Kristallgläser erhalten durch das weiße Geschirr und die violetten Blumen unter Glasglocken eine moderne Note. Auch die Rattanstühle sorgen für zeitgenössisches Flair.

[Esszimmer]

Beim Esszimmer dreht sich alles um den gedeckten Tisch, der den Augen der Gäste schmeicheln und den Appetit anregen soll. Der Tisch ist groß und mehrere Meter lang, damit zahlreiche Gäste Platz haben. Höchste Zeit, um Silberbesteck, feines Porzellangeschirr, eine schöne Jacquard-Tischdecke und einige Kerzenleuchter aus dem Schrank zu holen, die für Festtagsstimmung sorgen. Wer es natürlicher mag, setzt auf den schicken Landhausstil mit einem Holztisch in Weiß oder Naturfarben oder mit massiven Teakholzfüßen. Ein Tisch aus Metall oder gewachstem Beton, der mit Geschirr mit Punkten oder mehrfarbigen Rechtecken gedeckt ist, erscheint dagegen sehr modern.

1] Das zur Küche und zum Garten hin geöffnete Esszimmer ist das Herzstück des Hauses. Der großzügige Tisch harmoniert mit den hellen Holzmöbeln und dem hellblau gestrichenen Holz. Arrangements mit Blumen aus dem Garten tragen das Ihre zum Charme dieses Raumes im Landhausstil bei.

2] Diesem Esszimmer, in dem sich Stilrichtungen und Epochen mischen, fehlt es nicht an Eleganz. Auf einem langen Ateliertisch vom Anfang des 20. Jahrhunderts, aus leicht bläulichem Rohholz, sind die Zeichen der Zeit zu erkennen. Rund um den Tisch stehen Sessel vom Ende des 18. Jahrhunderts, die mit leuchtenden Toile-de-Jouy-Stoffen bezogen sind. Eine schicke Mischung, die dem Zeitgeist entspricht.

1] Dieses Esszimmer mit traditionellem Charme – Holzvertäfelungen mit Zierleisten, Boden mit Zementfliesen, Kristallleuchter mit Behängen – wirkt mit einem Tisch und Metallhockern in zeitgenössischem Stil eher modern. Auch das Gedeck sorgt mit seiner Kombination aus roten Tellern mit Punkte- und Hahnentrittmotiv und Platten mit Rosenblütenblättern für eine gelungene Überraschung. Der schwarze Kristallleuchter vervollständigt diese Dekoration im lässigen Ambiente (Bild Stéphanie Averland).

1

1] In diesem Esszimmer mit Blick aufs Meer spielt ein Tisch mit seiner weißen Hochglanzplatte und Tischbeinen aus massivem Teak, die an Baumstämme erinnern, mit Gegensätzen. Die Tischdekoration – Vasen, Schalen und Kerzenständer aus rohem Holz – besteht ebenfalls aus natürlichen Materialien.

2] Das Esszimmer besticht durch seine Schlichtheit und minimalistische Dekoration: Der Tisch wurde aus alten, recycelten Birkenholzbrettern gezimmert, während die weiß gestrichenen Stühle im Bistrostil vom Flohmarkt stammen. Geschirrtücher aus grobem Leinen, weißes Geschirr und Blumen aus dem Garten sorgen auf dem Tisch für schlichte Eleganz.

1

2

1] Die Essgruppe des Esszimmers, bestehend aus Gartentisch und Gartenstühlen, verleiht diesem Raum einen ganz besonderen Charme. Die sehr runden und raffinierten Formen harmonieren perfekt mit den anderen Möbeln des Raumes und der Zink-Effekt verleiht der Dekoration etwas Modernes. Das ganz schlichte weiße Geschirr und einige Leuchter mit weißen Lampenschirmen unterstreichen die eleganten Grau- und Blautöne.

2] Egal, ob allein oder zu mehreren, der Tisch verändert sich je nach Anlass und Anzahl der Gäste. Stehen die Tische nebeneinander, werden sie mit einem eleganten Tischläufer aus einem ehemaligen Tischtuch verbunden. Feines Geschirr und Silberbesteck werden durch einen Feldblumenstrauß aufgelockert. Ein großer Kerzenleuchter, Kerzenständer und ein Wandkerzenleuchter sorgen für ein Ambiente voller Poesie.

3] In einer Harmonie aus Grau und schwarzer Patina setzt das Esszimmer auf ultraschicke Eleganz: Ein runder Tisch mit einer Platte aus grauem Holz sowie ein passendes Regal, Stühle aus Ebenholz mit einem Rattansitz sowie ein riesiger weißer Metallleuchter.

1

1] Eine Art schwarz gestrichener Sockel entlang der Wand grenzt den Essbereich vom Wohnzimmer ab, der aus einem langen Metallarbeitstisch und einigen Designerstücken besteht: Vintage-Stühle und eine Lampe von Ferruccio Laviani. An der Wand hängt das Porträt eines Edelmanns aus dem 18. Jahrhundert und dominiert den Tisch, während eine Sammlung von Votivbildern die Neugierde der Gäste weckt.

2] Das zur Küche hin geöffnete Esszimmer strahlt dank einer roten Wand, die für ein warmes Ambiente sorgt, eine starke Persönlichkeit aus. Dieses Ambiente wird durch die Holzelemente wie die Holzdielen, der große Esstisch und die Designerstühle noch verstärkt.Schlichtes Geschirr sowie einige silberfarbene Akzente verleihen dem Tisch etwas Einladendes.

1

1] In Flandern auf dem Land wurde eine ehemalige Mehlmühle mit Flohmarktstücken in ein elegantes Haus umgestaltet. Im Esszimmer ist in einem großen Schrank, der die ganze Wand einnimmt, altes Geschirr ausgestellt, das von Flohmärkten aus europäischen Städten stammt. Ein Servierwagen mit Marmorplatte sowie ein kunstvoll gearbeitetes Eisengestell (Arbeitsmöbel aus einer ehemaligen Fleischerei), ebenfalls mit Marmorplatte, bieten Platz für eine Sammlung von Glocken und Kerzenständern, die als Tischdekoration anlässlich großer Festtage gedacht sind. Der Tisch aus rohem Holz bildet einen eleganten Kontrast zum weißen Ambiente und bringt den Kristallleuchter, die weißen Stühle mit Rohrgeflecht sowie das übrige stilvolle Mobiliar des Esszimmers zur Geltung.

2] Der große Tisch mit Anschluss an die Küche ist einladend und bietet mühelos vielen Gästen Platz. Vor dem großen Glasfenster befindet sich eine Bank mit zahlreichen Kissen und sorgt für Gemütlichkeit. Patiniertes Holz (Tisch und Schranktüren) bildet zusammen mit den grauen Möbeln und Gegenständen (Stühle, Kissen und Zinkleuchter) eine schöne Harmonie.

2

1

1] Die Hauseigentümerin hat diesen Ort in der Nähe von Uzès mit sehr viel Eleganz renoviert. Im Esszimmer bilden die mit Kalk geweißten Wände und Balken, die Böden und der große Kamin aus Stein zusammen mit einem Bauerntisch aus Rohholz eine schöne Einheit. Ein Kerzenleuchter sorgt bei Festessen für Licht.

1

1] Dieses in den 1970er-Jahren erbaute Ferienhaus in der Nähe eines Sees wurde von einem Paar renoviert, das mit Flohmarktartikeln handelt. Edle Materialien wie Eiche und Stein haben im ganzen Haus Einzug gehalten und sorgen für eine elegante Atmosphäre. Im Esszimmer sorgt ein langer Tisch aus rohem Eichenholz aus dem 19. Jahrhundert zusammen mit alten Gartenstühlen aus Holz für ein schönes Ambiente. Holzgeschirr und eine Flasche aus altem Glas sowie Kerzenständer vom Flohmarkt bezeugen den Geschmack der Hausbesitzer für authentische Objekte.

2] Dieses Esszimmer ist der Inbegriff von Eleganz und Charme: Ein langer ovaler Tisch, bedeckt mit zwei Damaststücken, die bis über den Boden reichen, unterschiedliche Stühle und Medaillon-Sessel, Kerzenständer, Leuchter mit Behängen, Suppenterrinen, Karaffen und sonstige Glasgegenstände erinnern an große Festessen früherer Zeiten.

2

[Wohnzimmer]

Das Wohnzimmer ist der Raum, der am meisten Gemütlichkeit und Gastfreundschaft ausstrahlt. Sofas, Sessel und Leseleuchten gruppieren sich um den Couchtisch, an dem man sich mit Gästen an einem Aperitif oder einem Snack niederlässt. In der Ecke prasselt ein Kaminfeuer und im Winter wird das Wohnzimmer zu einem Ort, an dem man sich bei schlechtem Wetter einigeln kann. Mit einer Veranda wird das Wohnzimmer in jeder Jahreszeit zu einem einladenden Ort und bietet außerdem einen uneinnehmbaren Blick auf den Garten. Das Wohnzimmer gibt auch in Hinblick auf die Dekoration den Ton im Haus an und zeigt die zahlreichen Stilrichtungen: bürgerlich, ländlich, modern, maritim …

1] Das Wohnzimmer wirkt einladend mit seiner L-förmigen, großen Sitzgelegenheit – gemauert aus den Steinen, mit denen auch das Haus renoviert wurde –, die mit den Polstern und Kissen eine recht bequeme Sitzfläche bietet. Die beigefarbene Kalkpatina und die Böden aus regionalen Steinen bilden eine Farbharmonie, die zum Wohlfühlen einlädt.

2] Die kleinen Beistelltische bilden ein schickes Dekor in diesem Wohnzimmer im bürgerlichen Stil und dienen als Präsentationsfläche für Blumen und Dekorationsgegenstände und zum Abstellen von Getränken. Sitzbank und Chaiselongue sorgen für Gemütlichkeit, die Beleuchtung wie die Lichterkette oder die Kerzen auf dem Kamin für ein gedämpftes Ambiente.

1] Dieses Wohnzimmer mit Marmorbüsten auf Stelen, Vasen, Kerzenständern, Spiegeln und gerahmten Bildern strahlt Persönlichkeit und eine gemütliche Atmosphäre aus. Die Sessel und Sofas in unterschiedlichen Stilrichtungen harmonieren miteinander und bieten ausreichend Sitzmöglichkeiten rund um den Couchtisch. Die Farbkombination aus Beige, Braun und Hellgrau lässt ein angenehmes und ruhiges Ambiente entstehen.

1

1] Das kleine Wohnzimmer unter dem Dach wirkt wie ein Boudoir und lädt zu Unterhaltungen zu zweit ein. Ein Polstersessel und ein kleiner runder Tisch werden von einem Kerzenleuchter mit Kristallbehängen beleuchtet und sorgen für ein Ambiente voller Charme.

2] Dieses Wohnzimmer unter der Dachschräge bietet mehrere tiefe und bequeme Sitzgelegenheiten. Rund um den Couchtisch laden Sofas, Decken und Leselampen zum Verweilen vor dem Kamin ein. Die Sichtbalken und der Boden aus rohem Holz fügen sich harmonisch ein.

1

2

3] Dieses kleine Wohnzimmer in einer Veranda ist zu jeder Jahreszeit ein Lieblingsplatz für Gäste. Die vielen Fenster machen den Raum sehr hell und sonnig und gewähren einen verträumten Blick nach draußen. Weiße Raffrollos und Leinenvorhänge halten im Sommer die Sonne ab und schützen im Winter vor Kälte. Das Sofa und die Holzmöbel strahlen eine angenehme Harmonie aus.

1] Die unterschiedlichen Sitzgelegenheiten (Sofa, Polstersessel und Bank im Louis-Seize-Stil) gruppieren sich um den Couchtisch. Eine Kuscheldecke und weiche Kissen bieten den notwendigen Komfort. Die weiß gestrichene Vertäfelung, das Mobiliar und breite Fenster sorgen für ein klares und helles Ambiente.

1

1] Dieses Wohnzimmer strömt ein edles und zeitgenössisches Ambiente aus, das durch Materialien wie Leder und Holz und die schönen Stoffe der Vorhänge und Sofas noch betont wird. Die hanffarbenen Vorhänge und Wände werden durch den dunkleren Braunton der Möbel unterstrichen. In der Zimmermitte sorgt ein Tablett mit Kerzen auf dem Couchtisch für eine heimelige Atmosphäre.

2] Dieses große, in schwarz und weiß gehaltene Wohnzimmer verfügt über ein sehr minimalistisches Design, das durch die beiden Farbtöne elegant in Szene gesetzt wird. Hier werden die großen Designklassiker in Szene gesetzt: Sessel von Breuer, „LC2" und Liege „LC4" von Le Corbusier um einen Couchtisch von Gae Aulenti (Bilder von Thérèse Roualet).

Das Fest kann beginnen!

[Den Tisch eindecken]

Freunde einladen kann ganz einfach sein, doch die Einhaltung gewisser Regeln und ausgesuchte Sorgfalt bei der Tischdekoration können die Einladung zu einem unvergesslichen Moment werden lassen! Setzen Sie auf Originelles und ersetzen Sie beispielsweise den traditionellen Weihnachtsbaum durch eine Mischung aus dekorierten Ästen. Legen Sie Silberbesteck auf, verwenden Sie Stoffservietten, mischen Sie Stilrichtungen und achten Sie vor allem auf die passende Beleuchtung.

1

1] Dieser zeitlos gedeckte Tisch ist wie gemacht für ein Essen mit der Familie. Eine weiße Damasttischdecke wirkt stets elegant und bildet die Dekorationsgrundlage. Weißes Fayence-Geschirr, gekonnt kombiniert mit gravierten Gläsern, Silberbesteck und einem Blumengesteck in der Mitte sowie ein Leuchter mit Kristallbehang geben den Ton an.

2] In dieser Wohnung im Haussmann-Stil treffen Raffinesse und Eleganz aufeinander. Man setzt auf klassische Elemente und verschiedene Stilrichtungen gehen harmonisch Hand in Hand: Auf einer purpurfarbenen Damasttischdecke wurde ein Porzellanservice mit unterschiedlichen Motiven in Violett mit Goldtupfern gedeckt. Kristallgläser vom Flohmarkt und Tassen im Directoire-Stil bilden die Dekoration. Kleine rechteckige Ablagen dienen als Messerbänkchen oder enthalten Leckereien und blütenförmige Schalen werden zu raffinierten Kerzenhaltern.

2

1] Damit alles im einheitlichen Farbton erscheint, hat das rautenförmige Mandelgebäck die gleiche Farbe wie der Becher aus vergoldetem Porzellan.

2] Jeder Gast erhält einen in Tannenzweigen befestigten Rahmen mit seinem Namen als Tischkärtchen.

3] Eine bedruckte Tischdecke harmoniert mit den Köstlichkeiten auf dem Büfett. Glaswaren setzen die Leckereien gekonnt in Szene, sorgen für eine ästhetische Wirkung und spielen mit unterschiedlichen Höhen.

3

1] Auf der Leinenserviette wird der kleine Zierkürbis Teil einer sehr originellen Tischkarte.

2] Hier schmücken Weihnachtsbäume aus unterschiedlichen Materialien, darunter leuchtende Rattantannen oder Tannen aus Rinde und Zweigen, das Esszimmer. Auf dem Kamin stehend, wirken sie dabei sehr authentisch und greifen das Motiv des mit Zweigen behangenen Leuchters auf. Der Tisch ist mit einer blauen Leinendecke gedeckt, darüber liegt eine Decke aus naturfarbenem Leinen mit silbernen Sternen. Tabletts aus Korbgeflecht, farblich passende Vögel aus Holz und Kerzenhalter aus Rinde oder mit bereiften Zweigen bilden die Accessoires.

Tischwäsche

Die Tischdecke

Bevor Sie den Tisch eindecken, legen Sie eine dicke Unterlage aus Molton darunter. Sie absorbiert Geräusche und lässt Tischdecken faltenfrei fallen. Nehmen Sie anschließend eine sauber gebügelte und fleckfreie Stofftischdecke, vorzugsweise aus Baumwolle oder Leinen. Damit die Decke richtig liegt, bedarf es einiger Grundlagen: Eine runde Tischdecke darf keine Falten haben, bei einer rechteckigen Decke können die beiden Falten parallel zur Länge erhalten bleiben, nicht jedoch die Hauptfalte, ebenso wenig wie die Falten in der Breite; eine quadratische Decke kann ohne Falten auf einen runden Tisch gelegt werden. Die Ecken müssen sich in gleichem Abstand zum Boden befinden. Vermeiden Sie eine runde Tischdecke auf einem runden Tisch, außer als Oberdecke. Sie können einen Tisch auch mit mehreren Decken versehen. Die Farben und Motive richten sich nach dem Stil des Geschirrs und der Art der Einladung. Nachdem das Besteck aufgelegt wurde, legen Sie eine Serviette so, dass die Saumseite zum Tischrand zeigt. Die üblichen Servietten haben eine Größe von 60 x 60 cm. Beim Abendessen liegen sie links vom Teller, beim Mittagessen im Teller.

2

Einen Tisch nach den Regeln der Kunst eindecken

Teller und Besteck

Rechnen Sie 60 bis 70 cm pro Gedeck, damit jeder Gast bequem Platz hat. Verwenden Sie verschiedene Teller und Besteck für jeden Gang. Der Brotteller steht links vom eigentlichen Teller. Die Gabel liegt links, entweder auf französische Art mit den Zinken Richtung Tisch (in dieser Position war das Wappen zu sehen) oder auf englische Art mit den Zinken Richtung Decke. Das Messer liegt rechts mit der Klinge zum Teller. Sie können auch ein Messerbänkchen verwenden. Falls notwendig, wird der Suppenlöffel rechts vom Messer mit der Vertiefung nach unten auf der Tischdecke gedeckt. Das Käse- und Dessertbesteck liegt oberhalb des Tellers.
Die Gläser stehen von links nach rechts leicht schräg, in absteigender Reihenfolge: Wasserglas, Rotweinglas, Weißweinglas. Die Champagnerflöte steht an vierter Stelle, hinter den anderen Gläsern in zweiter Reihe. Karaffen wirken besonders edel.

1] Der lange Tuchmachertisch wird mit einer naturfarbenen Leinentischdecke ganz festlich. Das weiße Geschirr mit raffinierten Details enthüllt seine zarte Schlichtheit, während zwei Vasen an den jeweiligen Tischenden für Symmetrie sorgen (Lithografie Louis Canne).

1

1] Traditionelles kommt in diesem Ambiente im Industrie-Look mit einem Hauch Skandinavien in neuer Form daher. Um den Tisch auf Metallfüßen mit einer Platte aus rohem Holz stehen filigrane schwarze Metallstühle. Rot ist vorherrschend und wird in den Servietten und den Filzsets aufgegriffen. Die Champagnerschalen aus Glas werden zu Kerzenhaltern und bilden zusammen mit Fliegenpilzen die Dekoration. Eine Stehlampe mit Kugeln aus Pappmaché sowie Dekorationsstücke aus ausgestanztem Metall ersetzen den Weihnachtsbaum.

1

1

1] Die Landhausküche erzeugt mit einer in Weiß und Transparent gehaltenen Dekoration mit Silberreflexen ein neues und modernes Ambiente. Der Raum wird zu einem festlichen Esszimmer: An jeder Stuhllehne ist eine große silbrige Schneeflocke angebracht und das Hängegestell für Pfannen dient als Ersatz für den Weihnachtsbaum. Der Tisch ist mit einer Decke aus Leinen mit einem Silberüberzug versehen und mit einem Porzellanservice mit einer Verzierung aus alten Friesmustern gedeckt. Schneeflockenförmige Kerzenhalter und Gläser mit Kerzen erhellen die Tischmitte mit silberfarbenen Zweigen und sorgen für das notwendige Licht.

2] In diesem Pariser Loft herrscht ein zeitgenössisches Ambiente: Die klare, raffinierte Tischdekoration setzt auf Transparenz und makelloses Weiß mit einem Hauch von Silber. Auf der grauen Tischdecke mit Spitzenmuster wird weißes Geschirr auf Platztellern aus Porzellan und Mattsilber in Szene gesetzt. Der Fokus der schlicht gehaltenen Tischdekoration liegt auf der Vase in Form eines Baumes in der Tischmitte, der durch Kugelkerzen auf einem künstlichen Schneeteppich ergänzt wird.

2

1] Der Tisch macht es dem eleganten, klassizistischen Kamin gleich. Auf einer auberginefarbenen Tischdecke geben Glas- und Silberwaren sowie ein weißes Porzellanservice die Zeremonienmeister. Moos und Farne bilden ein pflanzliches Juwel mit zahlreichen leuchtenden Kerzen und sorgen für einen Hauch Poesie. Für ein kohärentes Ambiente im ganzen Raum ist es ratsam, diesen komplett zu dekorieren. Hier leuchten am Treppengeländer Kerzenhalter in Form von Miniaturleuchtern und der Kamin ist mit Moos bedeckt, auf dem versilberte Kerzenständer thronen. Auch das Büfett wurde nicht ausgespart: Dort wird ein kleiner diskreter Tannenbaum mit einer Lichterkette in Szene gesetzt.

1

1] Bei dieser Dekoration steht ein antiker Kerzenleuchter mit Verzierungen in Form von Trauben und Blumen im Mittelpunkt. Der Tisch ist harmonisch in Gold und Schwarz gehalten. Die Goldtöne werden durch eine schwarze Baumwolltischdecke und modernes Geschirr und Gläser abgemildert. Zur Vollendung dieser raffinierten Dekoration wurden der Steinkamin mit Weinblättergirlanden und der Tannenbaum mit Perlengirlanden und Kerzenhaltern in Laternenform geschmückt.

2] Auf dem Kamin bilden bereifte Sträucher und Äste ein winterliches Ensemble. In die Verästelungen wurde eine Lichterkette geschlungen, die für ein feines Spiel von Licht und Schatten sorgt. Für die Vervollständigung der Dekoration wurde der Spiegel mit einer Krone in Herzform und einem Stern darüber versehen. Um den Bilderrahmen winden sich versilberte Efeuranken. Der Tisch ist mit einer gefärbten Tischdecke gedeckt, die mit Perlengirlanden veredelt wurde. Auf dem Tisch werden Kristallgläser und Silberwaren durch Serviettenringe aus Strassblumen aufgelockert.

2

1] In diesem rustikalen Chalet setzt man auf sanfte und authentische Farben. Auf einer Leinentischdecke harmonieren Teller aus altweißem Steingut mit Besteck mit Griffen aus rohem Buchenholz sowie gravierten Gläsern, die für einen Hauch von Eleganz sorgen. Das gedämpfte Licht wird durch beleuchtete Laternen und Lichterketten erzeugt, während auf der Tischmitte Kerzenhalter mit Reisigbündeln stehen. Das Motiv des Tannenbaums wird in den originellen Tischkärtchen in den Tellern aufgegriffen. Im Kleinformat dienen die Tannenbäumchen als Serviettenbeschwerer.

1

1] Die glitzernden Engel bringen den Tisch zum Strahlen und wirken in der Gruppe dekoriert besonders charmant.

2] Dieser Weihnachtsbaum der etwas anderen Art verleiht dem alten Haus ein märchenhaftes Ambiente. Hierfür wurde ein Ast am Gebälk befestigt und die Verästelungen mit Kugeln, Sternen und Herzen dekoriert. Eine Lichterkette gibt diesem außergewöhnlichen Objekt den letzten Schliff. Der Tisch ist mit einer großen Tischdecke aus grauem Leinen und mit einer zweiten Decke aus hellrosa Leinen gedeckt. Kerzenhalter aus Glas, glitzernde Engel und Windlichter aus Blattsilber sorgen für ein romantisches Dekor. Hier vermischen sich die Stilrichtungen mit rechteckigen Keramiktellern, Stielgläsern und Tafelsilber.

1] Weihnachtsdekoration gibt es in unterschiedlichsten Formen wie bei diesem Herz aus poliertem Glas, das mit feinem Eisendraht umwickelt ist.

2] Die altbewährte Weihnachtskugel kommt hier als Tellerdekoration und improvisierter Serviettenring daher.

2

1] Hier grüßen frühere Zeiten: Auf der schneeweißen Tischdecke kommen Fayence-Teller vom Flohmarkt zu neuen Ehren. Die Saucieren aus dem Büfett werden zu Übertöpfen, Engel aus Biskuitporzellan, auf einem Eisendraht montiert, zu Serviettenringen und unterschiedliche Stühle bilden ein modernes Gesamtbild. Der Leuchter lässt sich durch Kugeln, Girlanden, Lampenbehänge und Bänder immer wieder neu dekorieren. Setzen Sie auf unterschiedliche Materialien, auf matte oder glänzende Effekte und spielen Sie mit unterschiedlichen Höhen.

2] Bei diesem runden Tisch vor dem Kamin kommt weihnachtliche Stimmung auf. Eine violette Damasttischdecke bildet den Untergrund für feines, glasiertes und mit Gold gepudertem Porzellangeschirr. Altgold spielt bei dieser schlichten, aber dennoch sehr eleganten Tischdekoration eine zentrale Rolle und findet sich in der feinen Gravur der Gläser sowie auf der Vase in der Tischmitte wieder.

2

Ein Büfett zusammenstellen

Ein Büfett eignet sich vor allem bei vielen Gästen, bedarf dafür jedoch einer eigenen Dekoration. Verwenden Sie einfach ein beliebiges Gestell und versehen Sie es mit einer Tischdecke, die bis zum Boden reicht. Falls Sie keine Tischdecke in entsprechender Größe haben, können Sie auch ein weißes Laken verwenden. Weiß steht für Raffinesse und lässt sich wunderbar mit verschiedenen Farben und Dekorationen kombinieren. Im Gegensatz zu einem gedeckten Tisch, der von Stühlen umgeben ist, ist das Büfett für alle sichtbar. Sie können den Überhang der Tischdecke mit Blumen, Girlanden oder Bändern dekorieren. Sehen Sie einen Beistelltisch für Gläser, Besteck und Teller vor, die für das Büfett benötigt werden. Falls Sie Blumen für das Büfett planen, passen Sie auf, dass Sie nicht zu viele nehmen, vermeiden Sie zu hohe Bouquets und duftende Blumen, die die Aromen der Speisen beeinträchtigen könnten. Die Dekoration sollte diskret sein und den Gerichten nicht die Schau stehlen. Wählen Sie sie passend zu Ihrem Anlass und halten Sie sich an Farben, Stil und Funktionalität. Falls Sie Kerzen verwenden, stellen Sie diese nicht in die vorderste Reihe, um unangenehme Zwischenfälle zu vermeiden. Nehmen Sie am besten Windlichter, die die Kerzen schützen und für behagliches Licht sorgen. Wenn die Gäste da sind, sollten schmutzige Teller nach und nach weggeräumt werden, damit Ihr Büfett ein Blickfang bleibt. Denken Sie daran, für die Gäste genügend Tische und Stühle zu organisieren.

1] In diesem Holzambiente sorgt der gedeckte Tisch für ein wenig Leichtigkeit. Auf einer weißen Baumwolltischdecke, versehen mit einem Tischläufer aus naturfarbenem Leinen, kommen die feinen Gläser voll zur Geltung und verbinden sich mit weißem Geschirr, dessen Form wie zarte Blumenkelche wirkt. Apfelblüten und Zweige mit Perlen in weißen Keramikvasen verleihen einen Hauch von Romantik.

[Den Kamin dekorieren]

Der Kamin, egal aus welcher Stilrichtung, steht für Tradition und eignet sich hervorragend zur Inszenierung des Raumes. Er fällt ins Auge und sorgt gleichzeitig für ein gastfreundliches und heimeliges Ambiente. Bei Festen greift er die Tischdekoration auf, wodurch eine schöne Einheit gebildet wird. Ist er schlicht und zierlich, so glänzt er in Weiß und setzt auf die Transparenz der Objekte. Bei einer traditionellen Form sind Rot und Grün angesagt. Er kann auch wie ein Kuriositätenkabinett dekoriert sein und zum Staunen einladen. Bei einer natürlichen Ausrichtung wird er mit Zweigen dekoriert, die wie ein Pflanzenteppich verarbeitet sind.

1] In der Weihnachtszeit wird der Kamin in diesem Haus in Nordfrankreich festlich geschmückt. Kerzenleuchter aus Glas bilden zusammen mit weißen Kerzen eine stimmungsvolle Komposition, die die Kaminumrandung aus Steinen aus der Region besonders zur Geltung bringt.

1

1] Die Weihnachtsdekoration steht hier ganz im Zeichen der Natur: Schmetterlinge, Vögel, Lichterbaum, ein Windlicht in Käfigform und Leuchtzweige sind in verschiedenen Grüntönen und Holz gehalten und sorgen für ein romantisches Ambiente.

2] Der Kamin mit schlichter Linienführung dient zur Präsentation unterschiedlichster Dekorationsgegenstände in weihnachtlichen Farben: Kerzenständer aus gedrechseltem Holz, Kugeln, Buchstaben und Schmetterlinge in Bilderrahmen harmonieren zusammen mit traditionellen Kerzen in intensivem Rot.

2

Tisch-accessoires

[Ambiente mit Licht]

Bei der Dekoration spielt Licht eine herausragende Rolle, vor allem, wenn es darum geht, eine festliche Atmosphäre zu schaffen. Kerzen sorgen für ein weiches und heimeliges Licht. Sind sie überall im Raum verteilt, betonen sie Dekorationen und verleihen ihnen ganz feine Reflexe. Stellen Sie Lichtquellen in Gruppen auf, spielen Sie mit unterschiedlichen Höhen und setzen Sie auf wirkungsvolle Materialien – Sie werden staunen! Oder verwenden Sie Lichterketten – sie verschönern Tannenbäume, Äste und Treppengeländer und sind im Gegensatz zu Kerzen völlig ungefährlich.

1] Diese Holzkerzenständer standen ursprünglich in einer Kirche und sorgen nun in dieser Umgebung, ob auf den Tisch oder auf den Boden gestellt, für eine stimmungsvolle Atmosphäre. Stellen Sie Kerzenständer paarweise zusammen oder mischen Sie verschiedene Höhen und Farben, dann sind sie umso wirkungsvoller.

1

1] Dieses Familienbesteck wird, auf dem Tisch verteilt, zu einem echten Blickfang.

2] Kerzenleuchter sind perfekte Dekoelemente für eine festliche Atmosphäre. Stehen sie im Empfangszimmer auf verschiedenen Möbeln oder in Gruppen auf einem Tisch, sorgen sie für ein besonderes Ambiente.

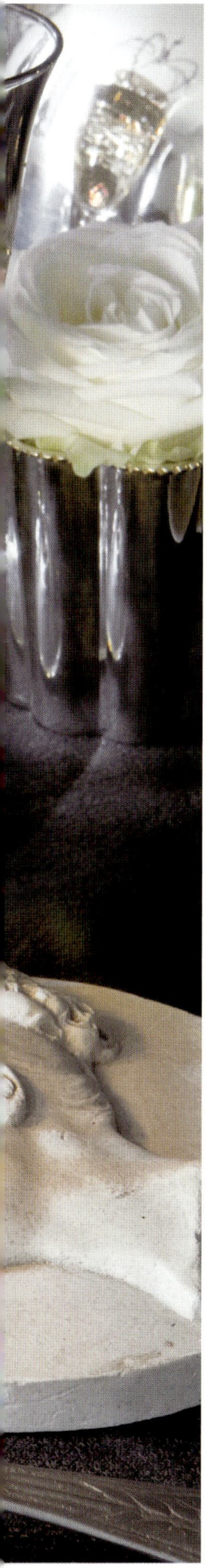

2

1] Silber und schneeweiße Tischwäsche passen gut zusammen. Der kleine Engel aus Biskuitporzellan, der zum Serviettenhalter umfunktioniert wurde und von einer Kerze angestrahlt wird, haucht dieser klassischen Kombination neues Leben ein.

2] Ein Glaskelch aus Bauernsilber wird mit einer Weihnachtsdekoration aus Glas in Szene gesetzt. Die Kerze im Innern sorgt für ein heimeliges Ambiente.

2

1] Weißes, nicht emailliertes Porzellan wirkt durch seine matte Oberfläche sehr fein und edel, wie hier in Form schneeweißer Kerzenständer. Das Spiel mit Formen und Materialien verleiht einem Tisch zeitlose Eleganz.

2] Düfte im Haus sind betörend, beruhigend und verleihen einem Raum Wärme und Gemütlichkeit. Setzen Sie Duftkerzen als Teil der Dekoration in Szene, indem Sie unterschiedliche Materialien dazu kombinieren. Doch Vorsicht: Duftkerzen gehören nicht auf den Tisch, an dem gegessen wird, da der intensive Geruch die Gäste beim Essen stören könnte. Stellen Sie Duftkerzen lieber in den anderen Räumen auf.

2

[Tischwäsche]

Eine Tischdecke ist die Grundlage jedes gedeckten Tisches. Bereits in der angehenden Antike wurden die ersten Vorläufer der heutigen Tischdecken verwendet. Diese Tradition wurde über die Jahrhunderte hinweg gepflegt und besteht bis heute noch. Tischdecken sind meist aus Baumwolle, Leinen oder Hanf und können in Kombination raffinierte Patchworks ergeben. Sie können mit Schablonen oder Stempeln bedruckt sein oder durch ihre Farbe wirken. Die klaren Linien modernen Geschirrs bilden einen herrlichen Kontrast zu den Mustern früherer Zeiten.

1] Damit eine Leinentischdecke individueller aussieht, kann man weiße und elfenbeinfarbene Platzdeckchen verwenden und der Tischmitte mit dem Spiel von Materialien und Formen einen femininen Touch verleihen.

2] Die Stickerei ist eine jahrtausendealte Kunst, die für eine feine Tischdekoration sorgt. Dieses Modell ist mit einer zweireihigen Hohlnaht zum Verzierung der Ecken versehen, die sich auch in den Servietten wiederfindet.

1

2

1] Eine handgestickte Baumwolltischdecke passt perfekt zu einem klassischen Service. Aber man kann auch ein weißes, modernes Service wählen, wenn man dabei auf die Verbindung der Stilrichtungen und Materialien setzt.

2] Eine Ramie-Tischdecke mit raffiniertem Blumendruck sorgt für einen schicken Landhausstil. Diese aus China stammende resistente Pflanzenfaser ist seit 6000 Jahren bekannt und dient zur Herstellung von Siebtüchern und sehr feinen Stoffen.

1

Eine kleine Anekdote

Die Herstellung von Tischwäsche rief Talente wie Madeleine Porthault auf den Plan, die ab 1920 das erste auf Tischwäsche spezialisierte Haus eröffnete, als die Nachfrage seitens vermögender Damen nach Modellen, passend zu ihrem Lebensstil, stieg. Gleichzeitig schufen große Geschäfte „Wäsche"-Abteilungen und die Manufrance-Kataloge entstanden. Die Herstellung von Tischwäsche wurde somit zu einem echten Handelsgeschäft.

2

1] Die weiße Tischdecke stammt aus der Mitgift eines jungen Mädchens und wurde in der Mitte mit den Initialen des jungen Paares verziert. Für die Blumenkrone wurde eine alte Serviette verwendet, aus der die Motive ausgeschnitten und dann mit einem feinen Plattstich an den Rändern aufgestickt wurden. Zur Fertigstellung der Arbeit wurden die Seiten der Tischdecke mit einer Hohlsaumbordüre versehen.

2] Leinen, Hanf und Spitze bilden hier ein raffiniertes Patchwork. Zur Herstellung dieser Platzdecke wurden Hohlsaumbordüren, mit Monogrammen bestickte Handtücher, Damastservietten, Rohleinen und Hanfreste verwendet. Danach wurde die Decke mit bestickten Buchstabenbändern, Spitzen und einem gestickten ABC verziert (Kreation Michèle Kunetz).

Schöne Wäsche und ihre Geschichte

Die Brautaussteuer geht bis auf das Mittelalter zurück. Ursprünglich stellte die Aussteuer die Ausstattung der jungen Braut dar und bestand aus Kleidern und Wäsche für die Haushaltsorganisation der zukünftigen Ehefrau. Die Aussteuer war ein äußeres Zeichen von Reichtum und bezeugte die gesellschaftliche Stellung der jungen Frau. Sie bestand aus Stoffen wie Leinen oder Seide, die damals sehr teuer waren. Um den Reichtum der Aussteuer aufzuzeigen, war es in manchen Regionen sogar Brauch, den Schrank für alle sichtbar geöffnet zu lassen. Nähen und Sticken gehörte lange zur Erziehung junger Mädchen aus gutem Hause. Ab dem Jugendalter nähten, stopften, strickten und stickten sie, um die Brautaussteuer zusammenzustellen. Die zukünftigen Hausfrauen stickten auf diese Stoffe ihre Initialen, die dann mit denen des zukünftigen Ehemannes vervollständigt wurden. Die Stickmotive unterschieden sich je nach gesellschaftlicher Stellung: Die niedrigeren Schichten bevorzugten Motive aus der Natur, die an die Stunden im Feld erinnern sollten (Ernte, Weinlese, Blumen etc.), während die wohlhabenderen Frauen lieber anspruchsvollere Jagd- oder Kampfmotive wählten.

2

1

1] Die weiße Tischdecke erhielt einen Stempeldruck mit Blättermotiven, der wie ein Pflanzenteppich wirkt. Die mit Stofffarbe gemalten Blätter wurden mit einem Kartoffelstempel aufgetragen. Die Kreise entstanden auf dieselbe Art und Weise, hierfür wurde jedoch ein Korken verwendet (Kreation Alix Chatillon).

2] Diese einfache, mit unregelmäßigen Kreisen bedruckte Stoffbahn, die wie eine Tischdecke aufgelegt wird, verbindet Natürlichkeit und Modernität. Der Stoff lässt das grobe Holz des Tisches an den Seiten durchblicken und wird zu einer charmanten Unterlage für Windlichter und Vasen aus weißer Keramik.

[Geschirr und Glaswaren]

Für Festlichkeiten holt man gerne edle Gläser und Silber aus den Schränken. Sie werden mit zeitgenössischeren Elementen kombiniert, während gröbere Materialien mit feinen Teilen gemischt werden. Weißes Geschirr überdauert mühelos die Epochen: Ob mit Spitzendekor, emailliert oder Natur – Keramik passt immer. Zur Teestunde wird romantisches Porzellan gedeckt, auch Kristallgläser sind unverzichtbar und Karaffen sind wieder sehr gefragt.

1] In dieser Teekanne aus Limoges-Porzellan mit Vögeln und Goldverzierung wird Tee stilvoll serviert. Sie passt bestens zu einem etwas moderneren Service. Kleines Detail aus der Natur: der Teemesser aus Kirschbaumrinde.

2] Zartes Rosa und verspielte Muster kennzeichnen diese Tea Time mit klassischem Geschirr, das Landschaften zeigt und für ein Ambiente aus dem 18. Jahrhundert sorgt. Das Tee-Ei in Form des Eiffelturms bildet eine zeitgenössischere Komponente.

2

1] Für exotische Momente sorgt dieses Teeservice, das an ferne Länder erinnert und perfekt mit klassischem Silberbesteck harmoniert. Die grüne Tischdecke versprüht einen Hauch Modernität.

2] Das Teeservice aus feinem Porzellan ist herrlich romantisch und spielt mit feinem Blumendekor und Goldverzierungen. Die mit einem Windbeutel bestickte Serviette lockert das Ganze auf.

2

1] Die weiße Spitze dient als Inspiration für die Tischwäsche. In Trompe-l'œil-Manier verziert sie das Geschirr und sorgt für ein sehr raffiniertes Dekor.

1

2

2] Weißes Geschirr ist klassisch und modern zugleich. Auf diesem alten Holztisch mischen sich mattes Porzellan und emailliertes Geschirr und spielen mit Konventionen.

3] Auf einer Damast-Tischdecke bilden gestapelte Teller eine Blumenkrone in Elfenbein- und Grautönen. Die schlichte, elegante und mit einer Blume verzierte Serviette unterstreicht den festlichen Charakter des Essens.

1–2] Das weiße Keramikgeschirr wirkt durch sein unregelmäßiges Dekor. Es ist zeitlos und geichzeitig sehr modern, spielt mit Spitzen-Elementen und passt dadurch gut auf romantisch gedeckte Tische oder als ländlich-idyllische Komponente bei Familienessen.

1

2

1] Auf einem Tablett aus altem Metall spielt die Etagere mit festlichen Accessoires. Normalerweise werden darauf Leckereien serviert, doch hier dient sie zur Präsentation von Silberbesteck auf einem gedeckten Tisch.

2] Kristall ist und bleibt auf einem prunkvoll gedeckten Tisch unverzichtbar. Ziseliert, bunt oder von strahlendem Glanz steht es auch heute noch für die französische Kunst, Gäste stillvoll zu empfangen.

2

1] Auf dem Büfett im Esszimmer befindet sich eine Auswahl an Leckereien: Schalen, Gläser und Glasglocken lassen die feinen Geschmacksrichtungen der Backwaren erahnen.

2] Karaffen halten auf festlich gedeckten Tischen Einzug. Zu mehreren kommen sie elegant mit Kristallbehängen versehen und mit Flüssigkeiten gefüllt daher, die den Farbton des gedeckten Tisches aufgreifen.

1

3] Glaswindlichter versprühen einen zeitlosen Charme. Stellen Sie ruhig mehrere davon auf, spielen Sie mit unterschiedlichen Höhen und dekorieren Sie sie mit Beeren oder kleinen getrockneten Blumen.

2

3

[Kränze]

Im 16. Jahrhundert gab es in Deutschland die ersten Kränze. Sie symbolisierten Christus und hießen Adventskränze. In der Regel waren sie rund und bestanden aus Stechpalmen-, Kiefern- und Mistelzweigen. Diese Pflanzenringe wurden an die Eingangstür gehängt und mit vier roten Kerzen versehen, die man nach und nach in den Wochen vor Weihnachten anzündete. Heutzutage gibt es Kränze in allen erdenklichen Formen und Materialien und sind für Feste unerlässlich.

1] Egal, ob getrocknet oder frisch, ein Kranz aus Lindenblättern und Thymian sieht immer wunderschön aus. Man sollte ihn gleich nach dem Abernten der Blätter binden.

2] Ein wohlriechender Lorbeerkranz wird mit einem breiten Band am Spiegelrahmen befestigt.

1

2

1

1] Der Tannenbaum an der Tür heißt Ihre Gäste herzlich willkommen. Gestalten Sie mithilfe eines Dutzend Weidenstecken (mindestens 90 cm lang), die mit Draht befestigt werden, ein Dreieck als Grundlage für den Tannenbaum. Flechten Sie Tannenzweige hinein und fügen Sie einige Mistel- und Schneebeerenzweige hinzu. Dekorieren Sie den Tannenbaum mit Holzaccessoires nach Ihrer Wahl. Um den Draht am Weidengestell zu verdecken, wird er mit Bast umwickelt.

2] Möchten Sie einen weihnachtlichen, natürlich wirkenden Lüster erstellen, dann gestalten Sie einen aus Pflanzen. Verbinden Sie mehrere Zweige mit feinem Metalldraht oder Bändern miteinander. Sobald der Hängekranz zusammengestellt ist, befestigen Sie ihn mit drei großen Bändern an der Decke. Sie können ihn auch mit einer Lichterkette versehen oder kleine, leichte Lampions an den Zweigen anbringen.

2

1] Für diesen Kranz aus der Camargue verwendet man als Grundlage einen getrockneten Mooskranz, in den man Lavendelblüten (frische oder künstliche) und anisfarbene Papierstreifen steckt. Aus Schlagmetall fertigt man kleine Medaillons wie den Stier, das Kreuz der Camargue und das Herz an, die für eine individuelle Note sorgen. Zum Anbringen an der Tür und als Willkommensgruß bringt man hinten ein breites Band an, mit dem man den Kranz in der gewünschten Höhe befestigen kann.

2] Der Kranz aus Schleierkraut ist luftig und romantisch und wirkt wie eine Wolke. Die Blumen werden mithilfe eines Fadens zu kleinen Sträußchen gebunden und an dem Grundgestell aus Hasendraht befestigt. Anschließend wird der Kranz mit einer Kordel aufgehängt.

3] Der Waldkranz besteht aus Heidekraut, Schlehen, Clematis und Himbeersträuchern, die an einem Mooskranz angebracht sind. Gestalten Sie ihn ruhig so dicht wie möglich, dadurch wird er nur noch schöner.

Rezepte für Festlichkeiten

[Vorspeisen]

Terrine vom Räucherlachs und Räucheraal mit gepresstem Kaviar

Nicht ganz einfach und etwas teuer
Zubereitung: 25 Minuten
Garzeit: 2 Minuten
Ruhezeit: 12 Stunden

Für 6 Personen: 200 g dünne Scheiben Räucherlachs • 200 g Räucheraalfilets (ohne Haut) • 50 g gepresster Kaviar • Saft von 1 Zitrone • 6 Blatt Gelatine (je 2 g) • 50 cl Sahne • 50 g Sprossen (z. B. Alfalfa oder Radieschen) • Pfeffer aus der Mühle

Legen Sie eine Kastenform (Länge 28 cm) mit Frischhaltefolie aus und lassen Sie diese auf jeder Seite überstehen. Zur Seite stellen. Geben Sie 40 cl Sahne in eine Schale und stellen Sie diese mindestens 20 Minuten in den Kühlschrank.
Weichen Sie die Gelatine in einer Schale mit kaltem Wasser ein. Mixen Sie nach und nach den Räucherlachs mit der Hälfte des Zitronensafts, bis eine schaumartige Masse entstanden ist. Mixen Sie auf die gleiche Art den Räucheraal mit dem restlichen Zitronensaft. Stellen Sie die beiden Mousses voneinander getrennt in den Kühlschrank.
Erhitzen Sie die restliche Sahne in einem Topf ohne aufzukochen. Wringen Sie die Gelatine mit den Händen aus. Ziehen Sie den Topf von der Platte und geben Sie die Gelatine zur warmen Sahne, dabei stetig umrühren.
Schlagen Sie die gekühlte Sahne in der Schale mit den Quirlen des Handrührgeräts. Geben Sie die Gelatinemischung hinzu. Geben Sie jeweils die Hälfte dieser Mischung in die kalten Fisch-Mousses. Pfeffern und vorsichtig mischen.
Geben Sie die Lachs-Mousse unten in die Kuchenform. Streichen Sie die Oberfläche mit einem Spatel glatt. Verteilen Sie darüber eine feine Schicht gepressten Kaviars.
Bedecken Sie alles mit der Räucheraal-Mousse. Mit der überstehenden Frischhaltefolie bedecken und 12 Stunden im Kühlschrank aufbewahren.
Stellen Sie am nächsten Tag eine Platte unter die Kuchenform. Drehen Sie alles um und entfernen Sie die Kuchenform und die Frischhaltefolie. Mit Sprossen garnieren. Bewahren Sie die Terrine bis zum Servieren kühl auf und reichen Sie eventuell Zitronenviertel dazu.

Räucherlachs-röllchen an Wodka-Creme

Einfach und günstig
Zubereitung: 35 Minuten

Für 6 Personen: 6 dünne Scheiben Räucherlachs • 250 g Mascarpone • 15 cl sehr kalte Sahne • 5 cl Wodka • Saft von 1 Zitrone • 6 Stangen Kerbel • ½ Bund Schnittlauch • 12 rosa Pfefferbeeren • Piment d'Espelette • Salz •
Für die Wodka-Creme: 15 cl Sahne • 5 cl Wodka • Saft einer Zitrone • 6 rosa Pfefferbeeren • Salz • Pfeffer

Schneiden Sie die Lachsscheiben in Rechtecke von ungefähr 10 x 6 cm. Legen Sie diese Stück für Stück auf Frischhaltefolie und stellen Sie sie kühl.
Schneiden Sie Kerbel und Schnittlauch klein. Schlagen Sie in einer Schüssel die sehr kalte Sahne mit den Quirlen eines Handrührgeräts. Heben Sie anschließend vorsichtig Mascarpone, danach Zitronensaft, Wodka, die klein geschnittenen Kräuter, die zerdrückten Pfefferbeeren, Salz und eine Prise Piment unter.
Verteilen Sie diese Masse auf dem Lachs (möglichst mit einem Spritzbeutel) und formen Sie Röllchen. Wickeln Sie alles fest in Frischhaltefolie ein. Kühl aufbewahren.
Bereiten Sie die Wodka-Creme zu: Zerstoßen Sie die Pfefferbeeren zu Pulver (in einer Pfeffermühle oder einem Mixer). Mischen Sie in einer Schüssel Sahne, Wodka, Zitronensaft und Pfefferbeeren. Eventuell nachwürzen und mit dem Schneebesen mischen. Bis zum Servieren kühl aufbewahren.
Zum Servieren die Frischhaltefolie entfernen, die Enden der Lachsröllchen abschneiden und mit der Wodka-Creme auf Tellern verteilen. Die Röllchen nach Belieben mit Lachseiern garnieren.
Nach einer Idee von Serge Gouloumes, le Mas Candille in Mougins (06).

[Vorspeisen]

Krebs im Glas mit Passionsfrucht

Etwas teuer, aber einfach
Zubereitung: 40 Minuten
Garzeit: 3 Minuten
Ruhezeit: 10 Minuten

Für 8 Personen: 2 Beutel tiefgefrorene Krebsscheren (ca. 20 Stück) • 8 Passionsfrüchte • 2 Mangos • 2 Äpfel (Sorte Granny Smith) • 1 Zitrone • 1 Bund Schnittlauch • **Für die Mayonnaise:** 1 Eigelb • 1 TL Limettensaft • 1 dl Traubenkernöl • 5 cl Sahne • Ingwer (4 cm) • Salz • weißer Pfeffer aus der Mühle

Stellen Sie 8 Bodega-Gläser in den Kühlschrank. Teilen Sie die Passionsfrüchte, entfernen Sie das Fruchtfleisch mit einem Löffel, geben Sie es in einen Sieb und fangen Sie den Saft in einer Schüssel auf. Einige Kerne zurückbehalten.
Schälen Sie die Mangos, schneiden Sie diese in dünne Scheiben und stellen Sie sie kühl. Die Äpfel waschen, trocknen und entkernen. Schneiden Sie das Fruchtfleisch in ganz kleine Würfel und geben Sie Limettensaft darüber. Zur Seite stellen.
Waschen Sie die gefrorenen Krebsscheren unter kaltem Wasser ab. Die Krebsscheren ca. 3 Minuten dünsten und nach 10 Minuten Ruhezeit schälen. Beträufeln Sie die Krebsscheren anschließend mit der Hälfte des Saftes der Passionsfrüchte.
Bereiten Sie die Mayonnaise aus dem Eigelb, den Limetten, Salz, Pfeffer und dem geriebenen Ingwer zu. Geben Sie vorsichtig unter ständigem Rühren das Öl hinzu, bis es eine gute Konsistenz hat und geben Sie anschließend den restlichen Saft der Passionsfrüchte hinzu. Schlagen Sie die Sahne und heben Sie diese unter die Mayonnaise.
Hacken Sie den Schnittlauch, vermischen Sie ihn mit dem Krebsfleisch, den Apfelwürfeln, den Kernen der Passionsfrüchte und mit einem Drittel der Mayonnaise.
Verteilen Sie drei Viertel der Mangoscheiben in die Gläschen, füllen sie mit der Krebsfleischmischung und der restlichen Mayonnaise auf und garnieren Sie das Ganze mit den Mangoscheiben.

Scampi in der Brühe mit Estragonsahne

Etwas teuer, aber einfach
Zubereitung: 35 Minuten
Garzeit: 15 Minuten

Für 4 Personen: 12 große Scampi • 1 Möhre • 1 Rübe • 1 Stange Lauch • 1 Staudensellerie • 2 Schalotten • 2 Prisen Ingwerpulver • 1 EL Fischsud-Pulver • 3 EL Olivenöl • **Für die Sahne:** 20 cl sehr kalte Sahne • 1 Bund Estragon • Salz • Pfeffer

Schälen Sie das Gemüse und schneiden Sie die Möhre, die Rübe, den Lauch und den Sellerie in sehr dünne Streifen. Die Schalotten schälen und klein schneiden. Erhitzen Sie das Öl in einem Kochtopf und dünsten Sie die Schalotten. Geben Sie nach 5 Minuten die Gemüsestreifen dazu und mischen Sie alles. 1 l warmes Wasser sowie den Fischsud hinzufügen und mit Salz, Pfeffer und Ingwerpulver würzen.
Zum Kochen bringen: Die Scampi in die Brühe geben und 3 Minuten köcheln lassen. Mit dem Schaumlöffel abschöpfen und abkühlen lassen, bis sie lauwarm sind. Die Scampi schälen und beiseitestellen.
Spülen Sie den Estragon ab und hacken Sie ihn klein. Schlagen Sie die kalte Sahne. Mit Salz und Pfeffer abschmecken, Estragon unterrühren und alles in eine Sauciere geben.
Die Brühe vorsichtig mit den Scampi erneut erhitzen und dann in tiefen Tellern verteilen. Die Sahne separat servieren, so kann jeder Gast einen Löffel voll in seinen Teller geben, die Sahne schmilzt dann in der Brühe.

[Vorspeisen]

Cannelloni mit Enten-Confit

Preiswert und einfach
Zubereitung: 30 Minuten
Garzeit: 1 Stunde 5 Minuten

Für 8 Personen: 24 Cannelloni • 4 eingemachte Entenschlegel • 8 entsteinte weiche Pflaumen • 100 g scharfe Chorizo (spanische Paprikawurst) • 1 Bund Schnittlauch • **Für die Creme:** 1,5 kg Kürbis • 1 dl Sahne • 1 TL Trüffelöl • Salz • Pfeffer aus der Mühle • **Für die Plätzchen:** 80 g geriebener Parmesan • 8 g sehr feines Mehl

Schälen Sie den Kürbis, entfernen Sie die Kerne und schneiden Sie ihn klein. Die Kürbiswürfel in einen Topf geben, mit Wasser bedecken, salzen und pfeffern, aufkochen lassen und anschließend bei mittlerer Hitze 40 Minuten ziehen lassen. Geben Sie am Ende der Garzeit die Sahne dazu. Mixen, dann das Trüffelöl unterheben, abdecken und warm halten.

Lassen Sie die Schlegel abtropfen, häuten Sie sie und entfernen Sie die Knochen. Zerkleinern Sie das Fleisch, geben es in eine Salatschüssel und fügen Sie einen kleinen Löffel Fett dazu. Enthäuten Sie die Chorizo und schneiden Sie die Wurst in sehr kleine Würfel. Die Pflaumen ebenso schneiden und zusammen mit dem gehackten Schnittlauch zum Entenfleisch geben.

Die Cannelloni in einem großen Topf mit kochendem Salzwasser 4 Minuten garen. Schnell abschrecken und abtropfen lassen. Anschließend mithilfe eines kleinen Löffels die Cannelloni mit der Entenpaste füllen. Sie können auch einen Spritzbeutel mit einer großen Tülle verwenden.

Geben Sie eine Schicht Kürbiscreme auf den Boden einer mit Butter gefetteten Auflaufform, setzen Sie die Cannelloni hinein und bedecken Sie sie mit der restlichen Kürbiscreme. Den Backofen auf 190 °C vorheizen, die Cannelloni hineingeben und 20–25 Minuten garen lassen.

Die Plätzchen zubereiten: Mischen Sie Parmesan und Mehl. Erhitzen Sie eine antihaftbeschichtete Pfanne. Wenn sie heiß genug ist, geben Sie kleine Häufchen der Käse-Mehl-Mischung hinein und lassen Sie genügend Platz dazwischen. Sobald sie schmelzen, verlaufen und eine goldene Farbe erhalten, nehmen Sie sie vorsichtig mit einem weichen Spatel heraus. Mit den Cannelloni servieren.

Gänseleberterrine mit Piment d'Espelette

Etwas teuer und schwierig
Zubereitung: 2 Tage vorher + 30 Minuten
Garzeit: 20 Minuten
Ruhezeit: 3 Stunden

Für 8 Personen: 2 rohe Entenstopflebern (à 500 g) • 1 EL Piment d'Espelette • 15 g feines Salz • 2 g Mignonnette-Pfeffer • 8 g Puderzucker • 2 g Vierkräutergewürz • 3 EL grobes Salz • **Beilage:** schwarze Trauben (Muscat de Hambourg) + weiße italienische Trauben • 2 Äpfel (Sorte Granny Smith) • 1 Brioche-Brot

Wässern Sie die Leber in einer Schüssel mit Eiswasser und grobem Salz und stellen Sie das Ganze 3 Stunden in den Kühlschrank. Mischen Sie Piment d'Espelette, feines Salz, Mignonnette-Pfeffer, Zucker und das Vierkräutergewürz.
Die Leber abtropfen lassen und vorsichtig abtrocknen. Anschließend der Länge nach in 1,5 cm dicke Scheiben schneiden und erneut trocknen.
Erhitzen Sie eine antihaftbeschichtete Pfanne, geben Sie 2 Leberscheiben auf einmal hinein und braten Sie diese auf jeder Seite 30 Sekunden an. Legen Sie die angebratenen Scheiben auf Küchenpapier und fangen Sie das Bratfett auf. Reinigen Sie die Pfanne und wiederholen Sie diesen Vorgang, bis alle Scheiben angebraten sind. Filtern Sie das Fett und stellen Sie es zur Seite.
Legen Sie eine 16 x 10 x 7 cm große Terrinenform mit Frischhaltefolie aus. Geben Sie eine Schicht Gänseleber hinein, würzen Sie diese mit der Würzmischung, geben Sie eine weitere Schicht Gänseleber darüber, danach wieder die Würzmischung und verfahren Sie so, bis alles aufgebraucht ist. Geben Sie als letzte Schicht die Würzmischung hinein und eine Schicht des Gänsefetts darüber. Mit Frischhaltefolie abdecken und 2 Tage in den Kühlschrank stellen.
Vor dem Servieren die Trauben schälen, die Äpfel waschen und diese in Stäbchen schneiden. Nehmen Sie die Terrine aus der Form. Tauchen Sie ein Messer in kochendes Wasser und schneiden Sie die Terrine damit in Scheiben, indem Sie nach und nach die Frischhaltefolie entfernen. Auf einem Teller mit Trauben, Apfelstäbchen und einer Scheibe getoastetem Brot servieren.

[Hauptspeisen]

Gebratener Steinbutt mit Strohkartoffelplätzchen an Trüffeln

Etwas teuer, aber einfach
Zubereitung: 20 Minuten
Garzeit 30 Minuten

Für 6 Personen: 6 Stück Steinbutt (à 230 g) • 8 Kartoffeln (Sorte Charlotte) • 1 Bund Silberzwiebeln • 50 g Trüffelspäne • 60 g Butter • 4 EL Olivenöl • 40 cl Instant Bio-Hühnerbrühe • Salz • Pfeffer aus der Mühle • Thymian

Bereiten Sie die Hühnerbrühe zu und lassen Sie diese auf die Hälfte einkochen. Schälen Sie die Zwiebeln und lassen Sie ein Stück Grün stehen. Waschen und in einer Pfanne mit 20 g Butter goldbraun anbraten, dann 10 cl Brühe hinzugeben, eine Prise Thymian, etwas Pfeffer und 10 Minuten leicht einkochen lassen.
Lassen Sie die Trüffelspäne abtropfen (den Saft aufbewahren). Die Kartoffeln schälen, waschen und danach reiben. Vermischen Sie die geriebenen Kartoffeln mit den Trüffelspänen sowie etwas Salz und Pfeffer. In 6 Portionen aufteilen. Lassen Sie 20 g Butter mit 2 EL Olivenöl in einer antihaftbeschichteten Pfanne schmelzen und setzen Sie die 6 Strohkartoffelplätzchen mit Trüffelspänen hinein. Mit dem Rücken eines Löffels flachdrücken und vorsichtig 7 Minuten auf jeder Seite bräunen lassen. Abdecken.
Lassen Sie die restlichen 20 g Butter und 2 EL Olivenöl in einer großen Pfanne schmelzen, geben Sie die Steinbuttstücke hinein und braten Sie diese auf jeder Seite 3 Minuten an. Leicht salzen und pfeffern, die kleinen Zwiebeln, den Trüffelsaft und die Hühnerbrühe hinzufügen und nochmals 5 Minuten bei geringer Hitze garen.
Erhitzen Sie die Strohkartoffelplätzen erneut, entweder im vorgeheizten Backofen bei 200 °C oder in der Pfanne. Entfernen Sie die braune Haut des Steinbutts und servieren Sie die Fischstücke jeweils mit einem Strohkartoffelplätzchen, den Zwiebeln sowie dem Kochsud.

Jakobsmuscheln an Thai-Curry

Leicht und preiswert
Zubereitung: 20 Minuten
Garzeit: 25 Minuten

Für 6 Personen: 18 schöne, lebende Jakobsmuscheln • Saft von 2 Zitronen • 50 g Butter • 2 Handvoll Blattsalat • 3 EL Olivenöl • Fleur de Sel • **Für das Thai-Curry:** 2 milde Cevennen-Zwiebeln • 1 TL Madras-Curry • 1 TL Kümmelpulver • 1 Msp. Kurkuma • 20 g frischer Ingwer • ½ Stange Zitronengras • 1 Knoblauchzehe • 1 Prise Safranfäden • Saft von 1 Limette • 30 g Butter

Lassen Sie die Jakobsmuscheln vom Fischhändler öffnen und reinigen.
Schälen Sie den Knoblauch, den Ingwer, das Zitronengras und die Zwiebeln und schneiden Sie alles in kleine Würfel. Geben Sie dann alles mit 30 g Butter und 10 cl Wasser in einen Topf. Abgedeckt und bei milder Hitze 20 Minuten köcheln lassen.
Mischen Sie anschließend den Inhalt des Topfs mit den anderen Zutaten des Currys, um eine glatte Soße zu erhalten. Zur Seite stellen.
Putzen und waschen Sie den Salat und lassen Sie ihn abtropfen. Reinigen Sie die Jakobsmuscheln und tupfen Sie sie mit Küchenpapier ab. Anschließend in einer heißen Pfanne mit 50 g Butter von jeder Seite 2 Minuten anbraten.
Verteilen Sie die Jakobsmuscheln auf vorgewärmten Tellern, salzen Sie die Muscheln und halten Sie sie warm. Löschen Sie die geschmolzene Butter vom Anbraten mit dem Saft einer Zitrone ab, 3 Minuten bei starker Hitze umrühren, bis die Soße eine sirupartige Konsistenz erhält.
Übergießen Sie die Jakobsmuscheln mit dem Jus, geben Sie auf jeden Teller einige Blätter Salat mit Olivenöl und den Saft der zweiten Zitrone. Dann sofort mit dem Thai-Curry in Schälchen servieren.
Rezept von Alain Passard.

[Hauptspeisen]

Truthhahnkuchen nach Försterinnen-Art mit Stopfleber

Ganz einfach und günstig
Zubereitung: 35 Minuten
Kühlen: 1 Stunde
Garzeit: 45 Minuten

Für 6 Personen: 1 Rolle Mürbeteig • 1 Rolle Blätterteig • 400 g Putenschnitzel • 150 g Stopfleber-Block • 400 g kleine Champignons • 2 Schalotten • 1 Zwiebel • 2 EL Cognac • 1 Eigelb • 1 Bund glatte Petersilie • 40 g Butter • Salz • Pfeffer

Putzen Sie die Champignons und vierteln Sie diese. Geben Sie 20 g Butter in eine Pfanne und braten Sie die Champignons darin bei starker Hitze an. Wenn die Flüssigkeit verdampft ist und sie schön goldbraun sind, geben Sie Salz und Pfeffer hinzu und stellen Sie sie in einer Schüssel zur Seite.
Schneiden Sie die Petersilie klein und die Putensteaks in Streifen. Schälen und hacken Sie die Schalotten und die Zwiebel. Braten Sie das Putenfleisch in einer hohen Pfanne in der restlichen Butter bei starker Hitze an. Drehen Sie die Temperatur herunter, fügen Sie die Zwiebeln sowie die Schalotten hinzu und lassen Sie alles bei kleiner Hitze schmoren. Geben Sie den erhitzten Cognac hinzu und flambieren Sie alles. Anschließend die Champignons mit der Petersilie, dem Salz und dem Pfeffer unterrühren. Erkalten lassen und 1 Stunde kühl stellen (ein wichtiger Arbeitsschritt, damit die Torte beim Backen aufgeht).
Heizen Sie danach den Backofen auf 180 °C vor. Legen Sie den Mürbeteig mit dem Backpapier in eine Tarteform mit hohem Rand (oder in eine Springform) und geben Sie die Masse darauf. Schneiden Sie die Stopfleber in feine Streifen. Verteilen Sie diese in der Form und geben Sie anschließend den Blätterteig darüber, schlagen Sie die Ränder ein und verbinden Sie die beiden Teige, indem Sie sie mit zwei Fingern zusammenpressen. Bestreichen Sie die Torte mit Eigelb. Im vorgeheizten Ofen 30 Minuten backen.
Servieren Sie die Torte sehr warm und goldbraun gebacken.

Stopfleberschnitzel an Trauben

Einfach und preiswert
Zubereitung: 10 Minuten
Garzeit: 10 Minuten

Für 6 Personen: 1 rohe Stopfleber (ca. 400 g) • weiße Tafeltrauben (mit dünner Haut) • 30 g Mehl • 10 cl Portwein • 10 cl Balsamicoessig • Salz • Mignonnette-Peffer

Schneiden Sie die Stopfleber mit einem scharfen Messer mit flexibler Klinge in 12 gleichmäßige, dünne Scheiben (oder in 6 dickere, wie Sie möchten). Wenden Sie die Scheiben leicht in Mehl. Die Trauben abspülen, abtupfen und häuten.

Erhitzen Sie eine Pfanne mit dickem Boden. Braten Sie die Stopfleberscheiben darin ohne Fett 2 Minuten auf jeder Seite an (je nach Dicke). Legen Sie die Scheiben anschließend auf eine warme Platte und decken Sie sie mit Alufolie ab.

Geben Sie den Portwein und den Essig in die Pfanne und lassen Sie alles bei starker Hitze und unter Rühren einkochen, bis Sie eine sirupartige Konsistenz erhalten (2 bis 3 Minuten). Geben Sie anschließend die Trauben hinzu und wenden Sie diese 1 Minute in der Soße.

Verteilen Sie die Schnitzel auf vorgewärmten Tellern, salzen und pfeffern Sie die Schnitzel und geben Sie jeweils Trauben und einen Schuss Soße hinzu. Sofort servieren.

[Hauptspeisen]

Gefüllte Pute an Jus von wilden Champignons

Etwas teuer, aber recht einfach
Zubereitung: 40 Minuten
Garzeit: 140 Minuten

Für 6 bis 8 Personen: 1 Pute (à 2,5 kg) • 150 g Pfifferlinge (tiefgefroren) • 150 g Steinpilze (tiefgefroren) • 100 g Maronen natur (Konserve) • 150 g halbgare Stopfleber • 150 g geräucherter Speck • 150 Geflügelbrust • 400 g Bauernbrot • 1 EL Kalbsfond • 150 g Butter • 10 cl Öl • Salz • Pfeffer

Die Füllung vorbereiten: Die Brotrinde entfernen, das Brot in Würfel schneiden und diese in einer Pfanne mit 1 EL Öl goldbraun anbraten. Abtropfen lassen und zur Seite stellen. Geben Sie die noch gefrorenen Pilze mit etwas Öl in eine andere Pfanne und braten Sie diese darin 3–4 Minuten unter Rühren an. Abtropfen lassen und den Bratensaft aufbewahren. Schneiden Sie die Geflügelbrust klein und die Stopfleber und den Speck in kleine Würfel.
Den Backofen auf 180 °C vorheizen. Geben Sie die Brotwürfel, Hühnerbrust, Speckwürfel, Maronen, Pilze und die Stopfleber in eine Schüssel. Salzen, pfeffern und mischen. Füllen Sie die Pute mit der Masse und schließen Sie die Öffnung mit Holzspießen.
Legen Sie die Pute auf ein Backblech, salzen und pfeffern Sie sie, geben Sie die Hälfte der Butter in Würfeln darüber und schieben Sie die Pute für 2 Stunden 15 Minuten in den Ofen, dabei regelmäßig begießen.
Erhöhen Sie die Temperatur 20 Minuten vor Garende auf 210 °C und beenden Sie den Garvorgang. Nehmen Sie die Pute aus dem Ofen und lassen Sie sie auf einer vorgeheizten Platte mit Alufolie abgedeckt ruhen, bis die Soße fertig ist.
Geben Sie 25 cl heißes Wasser auf das Backblech, fügen Sie den Saft der Champignons und den Kalbsfond dazu. Unter starker Hitze auf die Hälfte einkochen lassen, dann die restliche Butter unter Rühren hinzugeben. In eine Soßenschüssel geben und zum Putenbraten servieren.

Wildschwein-auflauf an Kartoffelpüree

Einfach und preiswert
Marinade: 12 Stunden
Zubereitung: 45 Minuten
Garzeit: 6 Stunden 30 Minuten

Für 6 Personen: 2 kg Wildschweinschulter • 500 g Kartoffeln • 100 g Butter • 8 cl Milch • 1,5 l Rotwein • 3 Möhren • 1 Zwiebel • 1 Knoblauchzehe • Schale von ½ Bio-Orange • 1 Bund gemischte Kräuter • 50 g Zucker • 5 cl Cognac • 5 cl Öl • 2 TL Zichorienpulver • 2 Würfel Gemüsebrühe • 12 Wacholderbeeren • 2 Nelken • 12 Pfefferkörner • Salz

Schälen Sie die Möhre, den Knoblauch und die Zwiebeln und schneiden Sie alles klein. Geben Sie alles zusammen mit dem Fleisch, den Kräutern, den Nelken, den Wacholderbeeren, den Orangenschalen und dem Pfeffer in eine Schüssel. Den Wein hinzufügen, mit Frischhaltefolie abdecken und alles 12 Minuten kühl stellen.

Danach den Backofen auf 150 °C vorheizen. Die Schweineschulter abtropfen lassen (die Marinade beiseitestellen), salzen und pfeffern. In einem Topf goldbraun anbraten. Die abgetropften Gemüsestücke aus der Marinade hinzugeben, 2 Minuten mischen und dann mit Cognac flambieren. Geben Sie den durchgesiebten Wein der Marinade, 1 l Wasser sowie die Gemüsebrühe hinzu und lassen Sie alles kurz aufkochen. Den Topf abdecken und alles für 6 Stunden in den vorgeheizten Ofen geben.

Lassen Sie anschließend das Fleisch abtropfen und zerkleinern Sie es. Sieben Sie den Kochjus in einen Topf und lassen Sie ihn bei starker Hitze auf die Hälfte einkochen. Mit dem Fleisch vermischen.

Schälen Sie die Kartoffeln, geben Sie sie in einen Topf mit kaltem Salzwasser und lassen Sie sie nach dem Aufkochen 20 Minuten garen. Abtropfen und durch ein feines Sieb einer Gemüsemühle drücken. Die Milch und die Butter in Würfeln hinzugeben und mischen.

Streichen Sie die Wildschweinmasse und anschließend das Kartoffelpüree in eine Gratinform. Mit dem reduzierten Jus beträufeln und 5 Minuten zum Erhitzen in den Ofen geben. Heiß servieren.

[Hauptspeisen]

Charlotte aus Äpfeln und Enten-Confit

Ein bisschen heikel, aber preiswert
Zubereitung: 1 Stunde
Garzeit: 1 Stunde 15 Minuten

Für 6 Personen: 2 Flügel Enten-Confit • 3 grüne Äpfel • 2 große Zwiebeln • 1 Wirsing • 6 entsteinte Pflaumen • 12 Scheiben Toastbrot • 1 Bund glatte Petersilie • 80 g Butter • 4 EL Zucker • Salz • weißer Pfeffer • **Für die Soße:** 20 g getrocknete Steinpilze • 200 g Champignons • 15 cl Sahne • 20 g Butter • Muskat

Die Entenstücke abtropfen lassen (stellen Sie ein wenig Fett zur Seite), das Fleisch zerkleinern. Das Fleisch mit klein gehackter Petersilie und Pfeffer mischen und beiseitestellen. Die Zwiebeln schälen, klein schneiden und in ein wenig Entenfett und 1 EL Wasser anbraten. Den Deckel nicht ganz schließen und bei geringer Hitze 20 Minuten schmoren lassen, ggf. noch etwas Flüssigkeit nachgießen. Die Pflaumen klein hacken und mit den Zwiebeln vermischen. Die Äpfel schälen und klein schneiden. Die Apfelstücke leicht in etwas Entenfett anbraten und mit Zucker bestäuben, bis sie karamellisieren. Salzen, pfeffern und beiseitestellen. Entfernen Sie die großen Kohlblätter, kochen Sie den Wirsing 8 bis 10 Minuten in Salzwasser und geben Sie ihn anschließend in eiskaltes Wasser. Die Blätter trocknen und beiseitestellen.

Heizen Sie den Backofen auf 180 °C vor. Eine Charlottenform fetten. Das Toastbrot leicht von einer Seite im Backofengrill rösten, anschließend mit Butter bestreichen. Schneiden Sie 5 oder 6 Scheiben in Dreiecke und legen Sie den Boden der Form mit den getoasteten Scheiben nach innen damit aus. Teilen Sie die anderen Scheiben in jeweils 3 Rechtecke. Geben Sie diese überlappend an die Seiten der Form, ebenfalls mit der getoasteten Scheibe nach innen. Bedecken Sie den Boden und die Seiten der Form mit einem Kohlblatt, die restlichen Kohlblätter in Streifen schneiden. Geben Sie die Äpfel, dann die Hälfte des Enten-Confit, die Kohlblätter, die Zwiebeln und das restliche Confit hinzu. Mit Brot abdecken und danach mit Alufolie dicht verschließen. In den Ofen schieben und 40 Minuten garen.

Schneiden Sie die Champignons klein und würfeln Sie die Steinpilze. Pilze, Butter und 1 EL Wasser bei mittlerer Hitze 10 Minuten schmoren lassen. Salzen, pfeffern und mit Muskat abschmecken. Sahne aufkochen, über das Haschee geben, vermischen und abgedeckt bei sehr kleiner Hitze 5 Minuten ziehen lassen. Mixen. Die Charlotte aus der Form nehmen, die Soße dazu servieren.

Rezept von Martine Albertin.

Gefüllter Gänsebraten an zweierlei Püree

Ein bisschen heikel, aber preiswert
Zubereitung: 45 Minuten
Garzeit: 3 Stunden 15 Minuten

Für 6 bis 8 Personen: 1 frische Gans (3,5 kg) • 1 kg Zwiebeln • 500 g Brotkrume (Bauernbrot) • 25 cl Milch • 1 Zweig frischer Salbei • Salz • Pfeffer • geriebene Muskatnuss • **Als Beilage:** 1 kg Rosenkohl • 50 g Butter • 20 cl Schmand • 500 g Datteln • ½ Banane • 1 Orange

Den Backofen auf 180 °C vorheizen. Geben Sie die Zwiebeln ungeschält in eine ofenfeste Pfanne und lassen Sie sie 45 Minuten im Ofen garen.
Zerbröseln Sie das Brot und geben Sie die Brotstücke in Milch. Die Salbeiblätter klein schneiden. Nehmen Sie die Gans aus, reinigen Sie die Leber und die Mägen und hacken Sie alles klein. Schälen Sie die erkalteten Zwiebeln und vermischen Sie sie mit der ausgewrungenen Brotkrume, dem Salbei und den gehackten Innereien. Salzen, pfeffern und mit Muskat verfeinern.
Füllen Sie die Gans mit dieser Mischung und schließen Sie die Öffnung mit einem Stäbchen oder nähen Sie sie zu. Die Gans auf ein Backblech legen, salzen und pfeffern und für 1 Stunde bei 120 °C in den Backofen geben.
Danach schöpfen Sie das Fett ab und erhöhen die Temperatur auf 180 °C. Nochmals 1 Stunden 30 Minuten weitergaren lassen.
In der Zwischenzeit garen Sie den Rosenkohl 20 Minuten in Salzwasser. Abtropfen lassen und mit Butter und Schmand mischen, warm halten.
Entkernen Sie die Datteln, schneiden Sie die halbe Banane in Scheiben, schälen Sie die Orange mit einem scharfen Messer (die weiße Haut entfernen) und vierteln Sie sie. Alles in einen Topf geben, mit Wasser bedecken und 30 Minuten lang köcheln lassen. Abschütten, mixen und warm halten.
Lassen Sie den Gänsebraten 10 Minuten ruhen, bevor Sie ihn aufschneiden und mit den beiden Pürees servieren.

[Desserts]

Winterliches Schnee-Dessert

Einfach und preiswert
Zubereitung: 35 Minuten
Garzeit: 15 Minuten

Für 6 Personen: 3 Orangen (davon 1 Bio-Orange) • 6 getrocknete Orangenscheiben (aus dem Bioladen oder selbst gemacht) • 2 Äpfel (Sorte Golden) • 2 Birnen • 30 g Butter • 130 g Zucker • ½ EL Rohrzucker • 3 Eiweiß • 2 EL Orangensirup

Reiben Sie 2 TL Orangenschale der Bio-Orange und stellen Sie sie beiseite. Schälen Sie alle Orangen mit einem scharfen Messer und entfernen Sie gleichzeitig auch die weiße Haut. 2 Orangen in Würfel schneiden und ebenfalls beiseitestellen. Die andere Orange vierteln, 20 cl Wasser, 20 g Zucker und die Orangenschalen hinzugeben. 5 Minuten bei kleiner Hitze köcheln lassen. Zu Püree mixen.
Schälen Sie die Äpfel und die Birnen und schneiden Sie diese in kleine Würfel. Erhitzen Sie die Butter in einer Pfanne, geben Sie den Rohrzucker, die Birnen- und Apfelwürfel dazu und karamellisieren Sie alles unter ständigem Rühren. Geben Sie die Orangenwürfel und das Orangenpüree hinzu. Verteilen Sie alles auf 6 Dessertgläser. Erkalten lassen.
Schlagen Sie das Eiweiß mit den Quirlen des Handrührgeräts und geben Sie nach und nach den restlichen Zucker (110 g) hinzu. Den Orangensirup hinzufügen und den Eischnee weiterschlagen, bis er eine baiserartige und glänzende Konsistenz hat. Setzen Sie den Eischnee auf die Früchte, verzieren Sie alles mit einer getrockneten Orangenscheibe und servieren Sie das Dessert.
Die getrockneten Orangen zubereiten: Schneiden Sie 2 Orangen in Scheiben und geben Sie sie in einen Behälter. Lassen Sie 20 cl Wasser mit 100 g Zucker aufkochen. Geben Sie diesen Sirup über die Orangen und lassen Sie alles über Nacht stehen. Am nächsten Tag heizen Sie den Backofen auf 60 °C vor. Legen Sie die Orangen auf eine Silikonplatte oder auf ein mit Backpapier ausgelegtes Backblech. 4 Stunden lang in den Ofen geben. Die Orangenscheiben von Zeit zu Zeit umdrehen, damit sie nicht zu schnell braun werden.

Kaffee-Karamell-Kuchen

Einfach und preiswert
Zubereitung: 40 Minuten
Garzeit: 1 Stunde

Für 8 Personen: Für das Biskuit: 125 g Mehl • 125 g gemahlene Nüsse • 125 g Zucker • 150 g Butter • 3 Eier • 1 Päckchen Backpulver • 1 TL Instant-Kaffeepulver • **Für die Creme:** 40 cl Milch • 20 g gemahlener Kaffee (Mokka) • 4 Eigelb • 90 g Puderzucker • 1 dl Sahne • 6 Blatt Gelatine (6 g) • **Für den Guss:** 1 Blatt Gelatine (2 g) • 100 g Zucker • 50 g Butter • 1 dl Sahne • ½ TL Instant-Kaffeepulver • **Für die Dekoration:** 8 oder 16 karamellisierte Nüsse

Das Biskuit zubereiten: Die Butter bei kleiner Hitze schmelzen lassen. Mehl und Backpulver mischen. Die Eier zusammen mit dem Zucker in eine Schüssel geben und mit den Quirlen des Handrührgeräts schlagen, bis die Mischung weiß wird. Dann die geschmolzene, erkaltete Butter, den Instantkaffee, das Mehl mit Backpulver und die gemahlenen Nüsse dazugeben. Alles gut mischen. Den Backofen auf 180 °C vorheizen. Eine Springform mit 22 cm Durchmesser fetten, den Teig hineingeben, 35 bis 40 Minuten backen und dabei die Backzeit immer wieder überwachen. Wenn das Biskuit eine schöne goldgelbe Farbe hat, aus dem Ofen nehmen, 5 Minuten in der Form abkühlen lassen, aus der Backform lösen und auf einem Backgitter vollständig auskühlen lassen.
Die Creme zubereiten: Die Milch und den Instantkaffee aufkochen lassen. Anschließend vom Herd nehmen, abdecken und 30 Minuten ziehen lassen. Filtern. Die Gelatine in kaltem Wasser einweichen. Eigelb und Zucker in einer Schüssel schlagen. Die Kaffeemilch dazugeben und anschließend zurück in den Topf gießen. Bei mittlerer Hitze und unter ständigem Rühren stocken lassen. Gelatine abtropfen lassen, in der Kaffeecreme schmelzen und anschließend akühlen lassen. Die Sahne schlagen und vorsichtig unter die erkaltete Creme heben. Biskuit in der Mitte durchschneiden, Creme auf die untere Hälfte geben, die andere Hälfte darauflegen.
Den Guss zubereiten: Die Gelatine 5 Minuten in kaltem Wasser einweichen. Geben Sie den Zucker in einen Topf, fügen Sie 5 cl Wasser hinzu und lassen Sie alles aufkochen, bis sich bräunlicher Karamell bildet. Unter ständigem Rühren zuerst die Butter, dann die Sahne und den Instantkaffee hinzugeben. Zuletzt die abgetropfte Gelatine untermischen und schmelzen lassen. Abkühlen lassen. Streichen Sie den Guss mit einem weichen Spatel auf den Kuchen und lassen Sie alles erkalten. Mit karamellisierten Nüssen garnieren.

[Desserts]

Weihnachtskuchen mit Ananas

Ganz einfach und preiswert
Zubereitung: 20 Minuten
Garzeit: 30 Minuten
Ruhezeit: 30 bis 40 Minuten

Für 6 bis 7 Personen: Für den Teig: 250 g Mehl • 4 Eier • 75 g weiche Butter • 2 EL Puderzucker • 1 Päckchen Hefe • 1 Prise Salz • **Für den Sirup:** 350 g Puderzucker • Schale von 1 Bio-Zitrone • 2 EL brauner Rum • 2 EL Apfel- oder Quittengelee • **Zum Servieren**: 1 Ananas • Kumquats oder sonstige Früchte

Lassen Sie die zerbröckelte Hefe in 10 cl lauwarmem Wasser aufgehen. Geben Sie das Mehl in die Schüssel einer Küchenmaschine mit Knethaken. Fügen Sie Zucker, Salz und Hefe hinzu. Alles kneten und dabei nacheinander die Eier hinzufügen, bis Sie eine glatte Masse erhalten. Danach die Butter hinzufügen und nochmals 3 Minuten kneten.

Fetten Sie eine Napfkuchenform ein, geben Sie den Teig hinein und lassen Sie ihn 30 bis 40 Minuten ruhen. Der Teig muss das doppelte Volumen erhalten.

Heizen Sie den Backofen auf 180 °C vor, geben Sie den Kuchen hinein und lassen Sie ihn 25 bis 30 Minuten backen, bis er eine goldbraune Farbe erhält. Auf einem Kuchengitter abkühlen lassen.

Den Sirup zubereiten: Den Zucker mit 30 cl Wasser und der Zitronenschale zum Kochen bringen und ungefähr 5 Minuten köcheln lassen. Den Rum hinzufügen und vom Herd nehmen. Den warmen Sirup über den Kuchen geben, bis er schön eingeweicht ist.

Geben Sie den Kuchen auf eine Platte. Das Gelee schmelzen lassen, auf die gesamte Kuchenfläche verteilen und völlig erkalten lassen. Garnieren Sie die Kuchenmitte mit Ananasscheiben, Kumquats oder sonstigen Früchten.

Knuspergebäck (Tuiles aux amandes) mit exotischen Früchten

Sehr einfach und preiswert
Zubereitung: 20 Minuten

Für 6 Personen: 18 Hippen (beim Bäcker erhältlich) • 250 g Mascarpone • 50 g Puderzucker • 1 Msp. Ingwerpulver • 1 Mango • 2 Kiwis • 6 Litschis • 4 Scheiben Ananas (aus der Dose)

Schlagen Sie Mascarpone mit Zucker und Ingwer. Schälen Sie die Kiwis, die Litschis und die Mango und schneiden Sie alles in kleine Würfel. Tupfen Sie die Ananas trocken und schneiden Sie sie in sehr feine Stäbchen. Die Früchte mit Mascarpone mischen.
Setzen Sie jeweils ein Teigplätzchen auf 6 Teller. Geben Sie reichlich Mascarpone auf ein Plätzchen und wiederholen Sie den Vorgang. Beenden Sie alles mit einem Teigplätzchen. Sofort servieren.

[Desserts]

Weihnachtskuchen mit Maronen

Ein bisschen heikel, aber preiswert
Zubereitung: 45 Minuten
Garzeit: 15 Minuten
Kühlzeit: 1 Stunde plus 12 Stunden

Für 8 bis 10 Personen: Für das Biskuit: 75 g Mehl • 75 g Zucker + 1 TL • 4 Eier • 25 g geschmolzene Butter + 15 g • **Für die Verzierung:** 600 g Maronencreme • 100 g geeiste Maronenspäne • 250 g weiche Butter • **Für den Sirup:** 100 g Zucker • Vanille- oder Kaffeeextrakt oder Likör (z. B. Rum oder Grand Marnier)

Geben Sie die Maronencreme und die Butter in eine Schüssel über dem Wasserbad. Von Hand rühren, bis eine homogene Masse entstanden ist. Die Schüssel anschließend vom Wasserbad nehmen und die Masse mit dem Handrührgerät weitere 5 Minuten schlagen. Mindestens 1 Stunde in den Kühlschrank stellen.

Das Biskuit zubereiten: Heizen Sie den Backofen auf 240 °C vor. Trennen Sie die Eier und behalten Sie nur 3 Eiweiß zurück. Schlagen Sie die Eigelbe 5 Minuten mit Zucker und heben Sie anschließend vorsichtig das Mehl unter. Schlagen Sie den Eischnee und geben Sie am Ende einen TL Zucker dazu. Heben Sie gleichzeitig den geschlagenen Eischnee und die geschmolzene Butter unter die Masse. Streichen Sie die Masse mit einem Spatel auf ein mit Backpapier belegtes Blech (ungefähr 30 x 40 cm).

Geben Sie den Teig 7 Minuten in den vorgeheizten Backofen und stürzen Sie den Biskuit anschließend auf ein feuchtes Geschirrtuch. Mit einem weiteren feuchten Geschirrtuch bedecken und erkalten lassen. Anschließend lässt sich das Backpapier einfach ablösen.

Bereiten Sie einen Sirup zu, indem Sie 5 Minuten lang 15 cl Wasser und 100 g Zucker kochen lassen. Vom Herd nehmen, erkalten lassen und dann je nach Geschmack mit Vanille-, Kaffeeextrakt oder Likör verfeinern.

Decken Sie das Biskuit ab, entfernen Sie das Backpapier und tränken Sie es gleichmäßig mit Sirup. Geben Sie mithilfe eines Spatels zwei Drittel der Creme auf den Boden. Verteilen Sie die geeisten Maronenspäne darauf und rollen Sie das Biskuit schön fest zusammen (von der kurzen Seite her beginnen). Bestreichen Sie das Biskuit mit der restlichen Creme und durchziehen Sie diese mit einer Gabel. Kühlen Sie den Kuchen 12 Stunden lang. Vor dem Aufschneiden mit Schokoladenspänen, geeisten Maronen und Goldblättern garnieren.

Dessert Macamarron

Ein bisschen heikel, aber preiswert
Zubereitung: 40 Minuten
Garzeit: 20 Minuten

Für 8 Personen: 8 Vanille-Macarons (beim Konditor erhältlich) • **Für das Schokoladenplätzchen:** 150 g Puderzucker • 50 g geschälte Mandeln • 40 g Butter • 40 g Honig • 1 TL Kakaopulver • 1 EL Milch • **Für die Maronensahne:** 150 g Maronencreme • 35 cl sehr kalte Sahne • **Zum Dekorieren:** 8 geeiste Maronen

Bereiten Sie das Schokoladenplätzchen zu: Den Backofen auf 170 °C vorheizen. Die Mandeln mit dem Messer klein hacken. In einem Topf Zucker, Butter, Honig und Milch mischen, zum Kochen bringen und 3 Minuten unter Rühren köcheln lassen. Vom Herd nehmen und die Mandeln und den Kakao dazugeben. Geben Sie die Masse in 8 Scheiben mit 15 cm Durchmesser auf ein mit Backpapier belegtes Backblech. 15 Minuten im vorgeheizten Ofen backen. Je nach Größe Ihres Backofens müssen Sie diesen Arbeitsschritt wiederholen. Lassen Sie die Plätzchen erkalten und bewahren Sie sie trocken auf.
Bereiten Sie die Maronensahne zu: 3 EL Sahne in einem Topf erhitzen, die Maronencreme dazugeben, gut vermengen und die Masse erkalten lassen. Schlagen Sie die restliche, sehr kalte Sahne und geben Sie sie vorsichtig unter die erkaltete Maronencreme.
Streichen Sie die Maronensahne auf eine flache Baiserhälfte, setzen Sie eine zweite Baiserhälfte mit der flachen Seite darauf und drücken Sie sie leicht an. Die restliche Sahne auf den Tellern verteilen, die Schokoladenplätzchen darauflegen, ein Baiser in die Mitte setzen und mit einer geeisten Marone garnieren. Sofort servieren.

Gäste draußen empfangen

[Im Wintergarten]

In Wintergärten wie Veranden, Orangerien oder Gewächshäusern kann man das ganze Jahr über sitzen, bieten sie sich doch als Rückzugsorte für besondere Momente mit der Familie oder mit Freunden an. Man sitzt auf bequemen Sesseln an einem Couchtisch und genießt eine Tasse Tee oder aber man nimmt am Tisch Platz und erfreut sich an den Spezialitäten der Hausherrin, genießt die Gespräche im geschützten Raum und die Aussicht auf den Garten.

1] Diese Veranda pflegt einen Cottage-Stil mit britischem Charme und Accessoires. Beigetöne finden sich in den Möbeln, der Beleuchtung, den Kissen und Rollos wieder. In Verbindung mit den zahlreichen Glasfenstern wirkt dieser Raum sehr „cosy". Die Raffrollos lassen sich herunterziehen und schützen vor indiskreten Blicken und vor der Kälte.

1

1] Im unteren Teil eines Pariser Gebäudes bietet eine weiß gestrichene Veranda aus Eisen ganzjährig den Blick ins Grüne. Dieser helle, große und zusätzliche Raum wurde zum Wohn- und Esszimmer umfunktioniert, wirkt gemütlich und angenehm und ermöglicht es, außerhalb der kleinen Wohnung Gäste zu empfangen.

2] Die geräumige Orangerie gehört zu einem Schloss in der Nähe von Aix-en-Provence und ist ein idealer Ort für schöne Feste. Durch die Glasfenster und die großen Glastüren wird der Raum in angenehmes Licht getaucht. Die Steinwände und die üppige Vegetation erinnern an die ursprüngliche Funktion der Orangerie und sorgen für ein Ambiente mit zeitlosem Charme.

3] Die Orangerie befindet sich an der Stelle eines ehemaligen Schafstalls und wird heute nicht mehr in ihrer ursprünglichen Funktion genutzt, sondern dient zu jeder Jahreszeit dem Empfang von Gästen. Die hohen Fenster und das Mauerwerk wurden bewahrt und machen den Charme dieses altehrwürdigen Raumes aus.

3

1] Früher sollte dieses Glashaus die Pflanzen vor widrigen Wetterbedingungen schützen, heute bietet der Raum mit dem gewölbten Glasdach Schutz und sorgt im Sommer dank der Felswand, die für die notwendige Feuchtigkeit zum Erhalt der Pflanzen sorgt, für Kühle.

1

[Unter der Pergola]

Eine Pergola ist die ideale Lösung, wenn man trotz sommerlicher Hitze im Garten essen möchte. Durch ihre leichte Struktur lässt sie sich ganz einfach auf der Terrasse des Hauses aufstellen, wo sie ganz oder teilweise überdacht ist, oder aber mitten im Garten bei den Bäumen. Um ihr Metall- oder Holzgestänge ranken Weißbuche, Glyzinie oder sonstige Kletterpflanzen als Sichtschutz und machen die Pergola zu einem einladenden und schattigen Ort voller Charme – und das mitten im Sommer.

1] Hinten im Garten ist der Tisch unter einer mit wildem Wein bewachsenen Pergola gedeckt und erwartet die Gäste, geschützt vor den ersten Sonnenstrahlen, zum Frühstück. Das Licht wird durch die Blätter gefiltert, die über das Metallgestänge hängen.

2] Diese originelle Pergola bietet sowohl den Blick auf den Park als auch Schutz vor der Sonne. Sie ist zwölf Meter lang und besteht aus zehn oben gewölbten Pfosten, an denen buschige Pflanzen emporwachsen und Blumentöpfe aufgehängt werden können. Der gedeckte Tisch in den Farben des Sommers lädt Gäste dazu ein, die Freuden des Südens zu genießen.

2

1] Die Eigentümer dieses Landhauses im Lubéron haben sich für eine schmiedeeiserne, maßgefertigte Pergola entschieden, die sich perfekt der Größe der Terrasse anpasst. Das kreisbogenförmige Gestell ist mit Bast bedeckt, der für genügend Schatten sorgt und gleichzeitig Licht durchlässt, damit man hier gemütlich essen und den Ausblick ins Grüne genießen kann.

2] Die Eigentümerin ließ an der Fassade ihres Hauses eine Pergola anbringen, unter der sie ihre Gäste empfängt und die von wilden Reben bedeckt wird. Dieser Platz wird durch rosafarbene und grüne Fähnchen sowie Hängelampen, Schieferdekorationen an den Fensterläden und einer Kollektion aus Terrakotta-Töpfen einladend und bunt. Auf dem großen Teaktisch erinnern eine Hanftischdecke mit einem Tischläufer aus alter Spitze sowie ein Keramikservice an frühere Zeiten.

2
Le cadeau de l'été

1] Um die Gastlichkeit von Drinnen nach Draußen zu verlagern, wurde diese kleine Steinterrasse mit einer Pergola überdacht. Die wellenförmige Struktur wurde mit geflochtenen Matten bedeckt, die mit Glyzinien durchzogen sind und für maximalen Schatten sorgen. Die Vintagemöbel und -stoffe haben helle und pudrige, sehr feminine Farben.

2] Diese Terrasse im zeitgenössischeren Stil ist mit einer Pergola in schlichtem Design überdacht. Sie besteht aus drei anthrazitfarbenen Stahlpfeilern und ist mit zwei rechteckigen Sonnensegeln bedeckt, die mit elastischen Kordeln gespannt werden. Ein spezieller undurchlässiger Stoff schützt die Gäste vor der Sonne und lässt trotzdem Licht durch. Die Terrasse ist gemütlich mit Gartenmöbeln und einem Tisch, passend zum Stil der Pergola, ausgestattet.

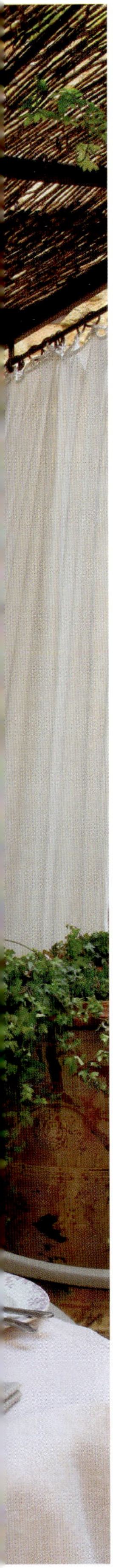

2

1] Diese Hütte aus Treibholz vom Strand Plage de Pampelone (in der Nähe von Saint-Tropez) und Kastanienstämmen wirkt wie das Haus von Robinson Crusoe. Rund um den Tisch stehen Bänke mit Kissen und verschiedene Hängelampen sorgen für einen etwas anderen Rahmen.

2] Die Umgestaltung des ehemaligen Treibhauses ohne Glasdach ist eine schöne Vintage-Idee, denn es wird hier zur eleganten Gartenlaube und grünen Insel mit Efeuranken, Glyzinien oder wildem Wein. Hier kann man zu Mittag oder zu Abend essen oder den Snack zwischendurch einnehmen und ist vor den Sonnenstrahlen geschützt.

1

2

1] Rund um das Schwimmbecken lädt die Pergola zur Erholung im Schatten ein, begleitet vom Plätschern des Brunnens, der sich in das große Becken ergießt. Die Pergola aus Flachstahl ist an der Mauer befestigt und liegt auf zwei Steinsäulen vom Flohmarkt auf. Die Möbel sowie die rote Tischdecke bilden einen eleganten Kontrast.

2] Diese filigrane und diskrete Metallpergola ist am Haus befestigt und mit sehr luftigen Pflanzen bedeckt (Kletterrosen, Ampelopsis-Ranken), die zwar das Licht durchlassen, aber dennoch für angenehme Kühle sorgen.

1

2

[Auf der Terrasse]

Die schönen Tage sind da und nun kann man Freunde zu einem Essen auf der Terrasse einladen. Egal, ob sie überdacht ist oder nicht, sie ist ein einladender Ort, an dem man gerne ein Gläschen trinkt oder gemeinsam isst. Auch im Freien lohnt es sich, beim Eindecken nicht auf Tischwäsche zu verzichten, denn egal ob kariert, geblümt oder mit Vichy-Muster – Tischdecken verleihen dem Tisch den letzten Schliff und tragen dazu bei, dass Sie Ihre Gäste in einem dem Anlass entsprechenden Ambiente empfangen können.

1] Unter dem Schutz eines Holzdaches finden an einem großen Metalltisch mit Stühlen jederzeit Gäste Platz. Es ist ein besonders angenehmer Ort, der in den Sommermonaten für Kühle sorgt. Leuchter, Beistelltisch, Bank – sie alle tragen zu einem einladenden Ambiente des Ortes bei.

2] Der große Tisch auf der Terrasse wurde in hellen und eleganten Farben gedeckt, die mit der Hausfassade harmonieren. Die Leinentischdecke bildet zusammen mit dem grau- und taupefarbenen Geschirr einen natürlichen Rahmen für ein gemütliches Frühstück. Punkte und Streifen, die Motive der Tassen und Schalen, sorgen für eine fantasievolle Dekoration.

1

2

3] Diese große Steinterrasse unter dem Schutz der Glyzinie ist ein charmanter Ort und ideal für Essen und Feste. An dem großen rechteckigen Holztisch haben viele Gäste Platz. Zeitgenössisches Geschirr und Stühle in sanften Farben verleihen dem Ganzen einen eleganten Anstrich.

1] Der Holztisch im Bistrostil und die Metallstühle bieten Platz für eine Mischung aus Tischwäsche mit Rosenknospenmotiven, fliederfarbenen Karos und einer Menge Punkte in einem sehr schicken Landhausstil. Das rote Geschirr mit den weißen Punkten sorgt für eine zeitgenössische Note.

2] Gegenüber der Küche bildet die Terrasse eine Art romantischer Salon: Der Steintisch (vom Flohmarkt) ist von einer Steinbank mit Kissen aus rosafarbenen Stoffen und schmiedeeisernen Stühlen umgeben. Der Tisch ist elegant mit Gläsern, feinem Geschirr und einem Kerzenleuchter (Napoleon III.) gedeckt, der zum Pflanzenhalter umfunktioniert wurde.

2

1] Liegestühle aus gestreiftem Stoff in lebhaften Farben, fuchsiafarbene Kissen, Leuchtblumentopf und bunte Windlichter schmücken die Terrasse und versprühen Modernität und Lebensfreude.

[Im Garten]

Wenn die Sonne scheint, ist es Zeit, um die schönsten Plätze im Garten zu erkunden: unter den alten Bäumen, beim Bambushain, am Feldrand, mitten im Park ... Ob ein spontanes Picknick auf einer Decke oder ein gedeckter Tisch für ein Candlelight-Dinner – die Natur bietet viele Möglichkeiten, um sich sein Essen dort schmecken zu lassen.

1] Im Schatten eines Baumes bilden die helle Tischdecke mit den Ton-in-Ton-Stickereien, die weißen Teller und Wasserkrüge, das Metalltablett und die Stielgläser ein elegantes Ensemble.

2] Am Rande eines Bambushains steht ein gedeckter Tisch mit einer schönen roten Tischdecke mit Blumen- und Volutenmotiven. Eine Steinbüste unter einer Glasglocke, kleine Vögel und ein paar Äpfel runden das Gesamtbild ab.

2

1] Am Feldrand stehen Liegestühle, Tisch und Klappstuhl direkt im Gras und laden zur Erholung ein. Brot, Wurst, Landwein und Obst – das Picknick ist angerichtet.

1

1

1] Inmitten eines riesigen Parks mit Bäumen steht ein rechteckiger Tisch mit einer bunt gestreiften Tischdecke. Geschirr und Windlichter greifen die Farben der Tischdecke auf. Vögel auf Stecklaternen sorgen für einen Hauch Poesie.

2] In diesem Garten ist ein großer Holztisch mit einem Streifentischtuch gedeckt. Auf dem Tisch bringen Gläser und ganz einfaches fliederfarbenes Geschirr sowie eine Holzetagere die Gerichte zur Geltung.

2

KERZEN, DÜFTE UND LICHT

Blachère Illumination
www.blachere-illumination.com

Bougies la Française
+33 1 51 42 15 34
www.bougies-la-française.com

Dyptique
www.dyptiqueparis.com

Fragonard
www.fragonard.com

Point à la Ligne
+33 5 57 26 45 45
www.pointalaligne.com

TISCH- UND WEIHNACHTSDEKORATION

Angel des Montagnes
www.angeldesmontagnes.com

Aubry-Cadoret
www.aubry-cadoret.com

Bernardaud
+33 1 40 98 00 43
www.bernardaud.fr

Blanc d'Ivoire
www.blancdivoire.com

Casa
www.casashops.com

Casita
www.casita.fr

Chéhoma
+32 68 65 96 96
www.chehoma.com

Coming B
+33 1 69 02 24 80
www.comingb.fr

Côté Art
+33 5 45 92 60 67
www.cote-art.net

Country Corner
+33 2 35 53 77 71
www.countrycorner.fr

Cristal d'Arques
www.cristaldarquesparis.fr

Cristal de Sèvres
www.cristallerie-de-paris.fr

Cristallerie de Saint-Louis
+33 1 40 17 01 74
www.saint-louis.com

Christofle
www.christofle.com

Demeure de Famille
+33 3 20 76 00 77
www.demeure-de-famille.com

Duvivier Antiquités
16, rue de la Mairie
92320 Châtillon
+33 1 46 57 62 90

Flamant
+33 1 55 04 88 44
www.flamant.com

Fleux
+33 1 42 78 27 20
www.fleux.com

Geneviève Lethu
+33 5 46 68 40 00
www.genevievelethu.com

Le Grillon Voyageur
27, rue de l'Ancien-Hôpital
51120 Sézanne
+33 3 26 81 10 85
www.legrillonvoyageur.com

Guy Degrenne
+33 2 31 66 44 00
www.guydegrenne.fr

Jean-Louis Coquet
www.jlcoquet.com

La Boutique Scandinave
www.laboutiquescandinave.com

Madam Stoltz
www.madamstoltz.dk

Marie Daäge
www.mariedaage.com

Mis en Demeure
www.misendemeure.fr

Pasquier Antiquités
22, rue du Clos Saint-Jean
77140 Saint-Pierre-lès-Nemours
+33 1 64 28 14 92
www.pasquier-antiquites.com

Pomax
+32 3 457 52 53
www.pomax.com

Potiron
+33 1 40 15 64 66
www.potiron.com

Point à la Ligne
+33 5 57 26 45 45
www.pointalaligne.fr

Puiforcat
www.puiforcat.com

Raynaud
+33 1 40 17 01 00
www.raynaud.fr

Riviera maison
www.rivieramaison.com

Robert Haviland & C. Parlon
www.royal-avenue.fr

Robin du Lac
www.robindulac.com

Rosenthal
www.rosenthal.de

Sia
www.sia-homefashion.com

Villeroy et Boch
www.villeroy-boch.com

Woods & Willow
www.woodsandwillow.com

TISCHWÄSCHE UND STOFFE

Adèle Shaw Society
33, rue Jacob, 75006 Paris
+33 1 42 60 80 72 33

Alexandre Turpault
+33 3 20 44 07 36
www.alexandre-turpault.com

Artiga
+33 5 58 47 62 39
www.maisonartiga.com

Astier de Villatte
www.astierdevillatte.com

L'Atelier (linge ancien teint)
10, rue des Emmangeards
61300 L'Aigle
+33 6 18 46 71 45

Beauvillé
+33 3 89 73 74 74
www.beauville.com

Charvet Editions
+33 3 20 10 34 70
www.charveteditions.com

Château de Vaux
www.chateau-de-vaux.fr

Garnier Thiébaut
+33 3 54 72 94 00
www.garnier-thiebaut.fr

Jean-Vier
+33 5 59 54 56 70
www.jean-vier.com

Himla
www.himla-online.fr

Histoire de lin
www.histoiredelin.fr

Linum
+33 4 90 76 34 00
www.linum-france.fr

Le Jacquard Français
+33 1 41 38 00 88
www.le-jacquard-francais.fr

Le Monde Sauvage
+33 1 40 26 28 81
www.lemondesauvage.com

Linvosges
+33 3 29 60 11 11
www.linvosges.fr

Porthault
www.dporthault.com

Tissage de Luz
www.tissagedeluz.com

Valombreuse
www.valombreuse.fr

Vossberg
www.vossberg.com

Yves Delorme
www.yvesdelorme.fr

BLUMEN

Christian Tortu
www.christian-tortu.com

Luc Gaignard
www.lucgaignard.com

Moulié
www.mouliefleurs.com

René Veyrat
www.reneveyrat.fr

LECKEREIEN

Arnaud Delmontel
www.arnaud-delmontel.com

Belle de Sucre
www.belledesucre.com

Le Bac à Glaces
www.bacaglaces.com

Chapon chocolats
www.chocolat-chapon.com

Fauchon
www.fauchon.com

Hédiard
www.hediard.fr

Lenôtre
www.lenotre.fr

Le Palais des Thés
www.palaisdesthes.com

Mariage Frères
www.mariagefreres.com

Théodor
www.grouptheodor.com

MÖBEL UND ACCESSOIRES

Blanc d'Ivoire
+33 1 53 38 97 99
www.blancdivoire.com

Du Bout du Monde
www.duboutdumonde.com

Fermob
www.fermob.com

Habitat
www.habitat.de

Home Autour du Monde
+33 1 42 77 06 08
www.bensimon.com

Interior's
+33 2 35 53 77 77
www.interiors.fr

Jardin d'Ulysse
+33 4 72 26 59 59
www.jardindulysse.com

Le Cèdre Rouge
+33 1 76 78 36 24
www.lecedrerouge.com

Ligne Roset
www.ligneroset.fr

Manutti
www.manutti.com

Mis en Demeure
+33 1 44 09 74 93
www.misendemeure.fr

Roche Bobois
www.roche-bobois.com

The Conran Shop
+33 1 42 84 10 01
www.conranshop.fr

Tolix
+33 3 85 86 96 70
www.tolix.fr

IMPRESSUM

BILDNACHWEISE

Wir möchten allen Herstellern und Händlern, Architekten und Designern danken, ohne die dieses Werk nicht möglich gewesen wäre.

Fotos: **E. Andreotta** (S. 32, 45 rechts, 158, 160/161); **J. d'Assay** (S. 123, 127); **J. d'Assay, création les Mille Feuilles** (S. 124); **P. Binet** (S. 14, 84, 155, 158 Mitte, 159 rechts, 176, 179); **B. Boigontier** (S. 9, p. 164–173, 175); **S. Choussy, création C. Martin** (S. 128 links); **M. Csech, conception et réalisation V. Leroy-Thuillier** (S. 126); **D. Delmas** (S. 44 links); **P. Desgrieux** (S. 146); **DR** (S. 2); **C. Dugied** (S. 128 Mitte, 129 rechts); **Durand** (S. 23, 27); **C. Erwin** (S. 18/19, 31, 46/47, 54–59, 62–64, 66–76, 92–96, 102/103, 107, 110–121, 176 Mitte, 178, 180/181, 183–185, 188/189); **L. Gaillard** (S. 104, 125); **L. Gaillard, création Alix Chatillon** (S. 106); **V. Lhomme** (S. 138); **P. Louzon** (S. 101); **J.- F. Mallet** (S. 140, 142/143, 145); **M.- P. Morel** (S. 99); **A. Muriot** (S. 141, 149-150); **P. Nicou** (S. 100); **J.-B. Pelerin, création M. Kunetz** (S. 105); **A. Réty** (S. 13, 16/17, 28 links und Mitte, 33, 53, 65, 77, 81, 85, 97, 109, 163, 177 rechts); **J.-F. Rivière** (S. 135, 148); **C. Rouffio** (S. 11-12, 15, 22, 24-26, 29 rechts, 30, 34–37, 40, 44 Mitte, 48, 60/61, 78/79, 89–91, 121 rechts, 156/157, 186/187); **L. Rouvrais** (S. 133, 139, 151); **P. Smith** (S. 10, 41, 49, 82/83); **Toureau** (S. 42/43); **P.-J. Verger** (S. 21, 39); **B. Winckelmann** (S. 132, 134, 136/137, 144, 147)

Für die deutsche Ausgabe:
Übersetzung: Andrea Wurth
Satz: Arnold & Domnick, Leipzig
Umschlaggestaltung: Olaf Johannson, spoondesign, Langgöns
Korrektorat: Friederike Ahlborn, Sindelfingen
Produktmanagement und Lektorat: Christine Rauch
Druck und Bindung: FIRMENGRUPPE APPL, aprinta Druck, Wemding

Die französische Originalausgabe erschien 2011 unter dem Titel *Recevoir* bei Éditions Massin collection Art & Décoration – Société d'Information et de Créations (SIC).

1. Auflage 2016

ISBN: 978-3-7724-7426-2 • Best.-Nr. 7426